Gert-Walter Speierer
PERSÖNLICHE BEGEGNUNG
Encounter
Personzentrierte Selbsterfahrungsgruppen

Gert – Walter Speierer

PERSÖNLICHE BEGEGNUNG
Encounter

Personzentrierte Selbsterfahrungsgruppen

Empfehlungen für die Praxis (Manual)

Empirische Ergebnisse, Literatur und Materialien zur Gruppendokumentation & Evaluation

 tredition®
www.tredition.de

Der Autor

Dr. med. habil. Dipl. Psych. Gert - W. Speierer ist Prof. i. R. für Medizinische Psychologie der Universität Regensburg. Er hat 1973 und 1974 mit Carl Rogers im La Jolla Programm San Diego USA in Selbsterfahrungsgruppen gearbeitet. Er ist Mitbegründer, Mitglied des wiss. Beirats und Ausbilder der GwG in personzentrierter Psychotherapie sowie Lehrtherapeut und Supervisor der ÄGG. Wissenschaftliche Arbeitsschwerpunkte und Hauptveröffentlichungen: Dimensionen des Erlebens in Selbsterfahrungsgruppen (1976), Empirische Ergebnisse der ambulanten Gesprächspsychotherapie (1979), Indikationen der gesprächspsychotherapeutischen Einzel- und Gruppenbehandlung (1980, 1982), das patientenorientierte Gespräch (1981), das Differenzielle Inkongruenzmodell der Gesprächspsychotherapie (1994, 4. A. 2018), Regensburger Inkongruenz Analyse Inventar (RIAI) (1997, 2018) und zahlreiche weitere Veröffentlichungen.

© Gert- W. Speierer 2021
Umschlag: GWS, Abbild Natascha Mann: Gespräch
Die erste und zweite Auflage erschien unter dem Titel:
Personzentrierte Selbsterfahrungsgruppen 2006 und 2009 (deutsch, englisch & spanisch) auf CD-ROM Vertrieb Köln: GwG

3. neu bearbeitete und ergänzte Auflage, 2021

Verlag & Druck: tredition GmbH, Halenreie 40-44, 22359 Hamburg
ISBN: 978-3-347-15722-4 (Paperback)
ISBN973-3-347-15723-1 (Hardcover)
ISBN 978-3-347-15724-8 (e-Book)

Für Edith, Julia, Adam und Viola

Wenn ich ... einfach über die Art und Weise schreibe, wie ich mit einer Encountergruppe arbeite, könnte das einen Effekt haben, der diejenigen, die auf diesem Gebiet tätig sind, viel stärker entlastet. Es könnte andere anregen, über den Stil der Förderung zu schreiben, der ihnen angemessen ist. Noch wichtiger, es könnte demjenigen, der neu mit Gruppen arbeitet, mehr Freiheit geben zu glauben, dass er schließlich einen Stil entwickeln kann, der wahrhaft sein eigener ist und daher für ihn selbst am effizientesten ist." Carl R. Rogers (1971)

Inhalt

Überblick

Im ersten Teil mit den Empfehlungen für die Praxis möchte ich meine Gedanken, Materialien und Erfahrungen zur Erleichterung und Förderung des Gruppengeschehens (der Gruppenleitung) und zur Dokumentation sowie der Ergebnisevaluation von personzentrierten Selbsterfahrungsgruppen (auch Encountergruppen genannt) darstellen. So möchte ich in Form eines kurz gefassten Manuals den Leser*innen einerseits einen Eindruck von meiner Form der Gruppenarbeit, ihren Grenzen und ihren Möglichkeiten vermitteln. Andererseits möchte ich zur Diskussion und zum Austausch entsprechender eigener Erfahrungen anregen.

Im zweiten Teil mit den empirischen Ergebnissen möchte ich einen Teil meiner Erfahrungen als Gruppenteilnehmer und Gruppenmoderator bzw. Facilitator in über 75 personzentrierten Selbsterfahrungsgruppen und meine empirischen Forschungsarbeiten zur personzentrierten Gruppenarbeit, die ich in 55 Jahren gewinnen konnte, zusammenfassend weitergeben.

Im dritten Teil benenne ich die von mir benutzte Literatur. Ich möchte nicht versäumen, auf die von Peter F. Schmid 1996 vorgelegte Darstellung der personzentrierten Gruppenarbeit hinzuweisen. Sie umfasst eine historische und auf die Zeit ihrer Entstehung bezogene Verortung personzentrierter Gruppenarbeit. Schmid entwickelt eine ihr angemessene Theorie und Praxis, die insbesondere die Gedanken des Spätwerks von Rogers aufnimmt. Darüber hinaus werden im personzentrierten Ansatz eher tabuisierte Themen (Aggression, Macht, Sexualität) diskutiert und Überlegungen zu einer personzentrierten Ethik vorgestellt. Ich möchte hier auch "die Theorie und Praxis der Gruppenpsychotherapie" anführen, die Irvin D. Yalom 1995 erstmals vorgelegt und 2005 überarbeitet hat. Seine Darstellung und Kritik der Encountergruppenbewegung der 1960iger und 1970iger Jahre zielt auf zweifelhafte bis schädliche Ergebnisse durch mangelhaft kompetente und unverantwortliche Gruppenleitung. Er betont, die Effektivität einer Gruppe hänge weitgehend von vier Leitungsfunktionen ab: "1. Emotionale Anregung (herausfordernde, konfrontierende Aktivität, eindringliches Beispielgeben durch das Eingehen persönlicher Risiken und weitgehende Selbstoffenbarung), 2. Anteilnahme (Unterstützung, Zuwendung, Lob, Schutz, Wärme, Annahme, Echtheit, Besorgtheit) 3. Sinngebung (erklären, darstellen, interpretieren, der Veränderung einen kognitiven Rahmen geben, Gefühle und Erlebnisse in Ideen übersetzen), 4. Exekutive Funktion (Grenzen, Regeln, Normen, Ziele setzen, Zeit einteilen, das Tempo des Fortschreitens bestimmen, Verfahren anhalten, unterbrechen und vorschlagen)." (Yalom deutsche Ausgabe 2019, S.484, 485). Die drei Rogers'schen Grundhaltungen: Echtheit, Empathie und unbedingte Wertschätzung müssten deshalb ergänzt werden durch kognitive Funktionen wie Anregung und Sinngebung (ebd. 485).

Diese Kritik wird in der Weiterentwicklung der personzentrierten Theorie und Praxis nach Rogers unterschiedlich diskutiert und berücksichtigt. Im Differenziellen Inkongruenzmodell (Speierer 2018) habe ich kognitive Aufgaben von Psychotherapeut*innen und Facilitator* innen auch als Bestandteile der Grundhaltungen angesehen und darin Rogers präzisiert. Wo es mir notwendig erschien, habe ich über die Grundhaltungen hinaus Ergänzungen vorgenommen.

Im vierten Teil finden sich die von mir verwendeten und entwickelten Materialien zur Gruppendokumentation und Gruppenevaluation.

Mit dieser dritten Auflage möchte ich zeigen, dass Encountergruppen im Format der hier vorgestellten personzentrierten Selbsterfahrungsgruppen den Ansatz von Carl Rogers weiter präzisieren und ergänzen und dass sie ihren Platz in der personzentrierten Arbeit durch kontinuierliche Dokumentation und Evaluation ihrer Ergebnisse nicht nur erhalten, sondern verbessern können. Die personzentrierte Encountergruppe steht in deutlichem Gegensatz zur Encountergruppenbewegung, die durch mangelhafte Wirksamkeitsnachweise, Beschädigung von Teilnehmer*innen und dominantes Gruppenleiter*innenverhalten sich selbst diskreditiert hat. (s. a. Yalom 2019).

Danken möchte ich allen Kolleg*innen, und Gruppenteilnehmer*innen, die mich bei der Datensammlung für die empirischen Untersuchungen unterstützt sowie zur Neubearbeitung dieser dritten Auflage ermutigt haben. Dafür und für ihre Durchsicht des Textes danke ich Christiane Hellwig ganz besonders. Schließlich danke ich meinen Familienmitgliedern, denen ich dieses Buch gewidmet habe für ihre Geduld und den Freiraum, den sie mir dafür geschenkt haben.

Liebe Leserin, lieber Leser, danke für Ihr Interesse an meiner Arbeit, auf eine Rückmeldung würde ich mich freuen.

Regensburg im Januar 2021   Gert-W. Speierer

I. Empfehlungen für die Praxis (Manual)

1. Definition, Ziele, Anwendungen, Dauer und Formate

Was ist eine Personzentrierte Selbsterfahrungsgruppe (Personzentrierte Encountergruppe)?
In der Kleingruppe versuchen mindestens fünf bis zu fünfzehn selten wenig mehr Personen, in der Großgruppe versucht eine größere nach oben offene Anzahl von Personen untereinander eine persönliche Begegnung von Person zu Person. Die Teilnehmenden sind bestrebt gegenüber sich und den Anderen wertschätzend, offen und wahrhaftig sowie empathisch verstehend zu sein, zusammen mit einer oder zwei, in der Großgruppe ggf. mehreren Personen, die sie dabei unterstützen. In der Kleingruppe gilt absolute Vertraulichkeit: Offenheit nach Innen, Schweigen nach Außen!

Was sind die Gruppenziele?
Vier Ziele von Personzentrierten Selbsterfahrungsgruppen, können als weithin akzeptiert gelten:
1. Die Teilnehmer*innen lernen einander in einem *Personzentrierten Gruppenklima kennen*, dessen Hauptmerkmale unbedingtes Akzeptieren, Offenheit und Empathie sind.
2. Die Gruppenteilnehmer*innen erfahren *die drei personzentrierten Grundhaltungen* einer *hilfreichen Beziehung* und die *Bearbeitung von Inkongruenzen* durch *beispielhaftes Verhalten des*der Gruppenleiter*in* (Facilitator*in) sowie darüber hinaus durch *entsprechendes Verhalten von Gruppenmitgliedern.*
3. Die Teilnehmer*innen *erfahren und erproben die personzentrierten Einstellungen/Grundhaltungen und*

weitere Möglichkeiten, schwierige und kritische, persönliche sowie zwischenmenschliche Probleme und Situationen zu bewältigen, auch solche, die in der jeweiligen Gruppenkonstellation und Gruppendynamik begründet sind.

4. *Die Teilnehmer*innen machen* für die personzentrierte Arbeit spezifische, *förderliche oder therapeutische* Selbsterfahrungen: *S*elbstannahme, Selbstverständnis, Selbstempathie, Authentizität und Offenheit für Erfahrungen, das Erleben wie sich das eigene Selbst bzw. das der Anderen in unmittelbarer Weise verändert, wenn selbstverträgliche Lösungen oder Möglichkeiten für zuvor selbstbedrohliche Erfahrungen gefunden werden.

Anwendungen, Dauer und Formate personzentrierter Selbsterfahrungsgruppen

Klein- oder Großgruppen zum Kennenlernen als Workshops mit einmal 2 bis 3 Stunden.

Kleingruppen zur Aus-, Fort- und Weiterbildung in Beratung, Supervision, Coaching, Pflege, Seelsorge und Psychotherapie in Blöcken mit 8 bis 10 Einheiten a' 45 Minuten an zwei oder mehreren aufeinanderfolgenden Tagen oder mit wöchentlichen Sitzungen von 90 - 135 Minuten mit insgesamt 20 bis über 80 Einheiten.

Kleingruppen, zur Entwicklung von Persönlichkeit, persönlicher Kommunikation und Teamfähigkeit in der Erwachsenenbildung, privaten und öffentlichen Organisationen sowie in der Wirtschaft mit frei vereinbarter Dauer und Form.

Kleingruppen in der Psychotherapie zahlreicher psychischer Störungen und bei körperlichen Störungen mit psychischen Faktoren ambulant oder stationär in unterschiedlicher Dauer und Form entsprechend den jeweiligen individuellen und institutionellen Erfordernissen.

Wie lange dauert eine erfolgreiche Gruppenarbeit?
Bei einer Gruppengröße von maximal 15 Personen und
Sitzungen von 90 bis 135 Minuten Dauer, die zunächst
ein bis zweimal wöchentlich und nach 5-10 Sitzungen
auch seltener, etwa 14 tägig stattfinden können, erscheinen 20 bis 40 Gruppensitzungen mit insgesamt 80 - 100
Stunden ausreichend, um sowohl die o. a. Ziele in Aus-
und Weiterbildungsgruppen wie auch in der Gruppenberatung und Gruppentherapie zu erreichen.

**Abb. 1 Encounter: Gert - W. Speierer Personzentrierte
Selbsterfahrungsgruppe 1999 in Regensburg (eigene
Aufnahme)**

Die Großgruppe: Die Möglichkeiten und Grenzen personzentrierter Großgruppenarbeit im nicht klinischen

Bereich finden sich in Kirschenbaum et al. (1989) am Beispiel zweier von Rogers in der vormaligen Sowjetunion durchgeführten Gruppen. Eine ausführlichere Darstellung findet sich in Schmid (1996).

Abb. 2 Encounter: Carl R. Rogers personzentrierte Großgruppe 1973 in La Jolla U.S.A. (eigene Aufnahme)

2. Überlegungen und Entscheidungen vor Beginn einer Gruppe

Wie viele Gruppenfacilitator*innen und Beobachter*innen?

Zumeist wird eine Gruppe durch *eine Person moderiert*. *Zwei Facilitator*innen* können die Gruppenarbeit erleichtern und fördern aber auch unter bestimmten Umständen behindern. Selten können im Einvernehmen mit den Teilnehmer*innen *nicht teilnehmende Beobachter *innen* zugelassen werden.

Wer kommt als Gruppenteilnehmer*in in Betracht (Indikation)?

Privatpersonen und Personen in beruflichen Kontexten, die an dieser Form der Gruppenarbeit interessiert sind.

Personen mit persönlichen und zwischenmenschlichen Problemen, die sie in einer professionell geleiteten Gruppe mit anderen austauschen und bearbeiten wollen, ohne dass sie sich selbst als Klient*innen oder Patient*innen bezeichnen.

Aus- Fort- und Weiterbildungsteilnehmer*innen in Personzentrierter Beratung, Psychotherapie, Supervision, Coaching, Pflege oder Seelsorge.

Klient*innen: Personen, oder Personengruppen, die Gruppenberatung wünschen und dafür geeignet erscheinen.

Patient*innen: Personen mit psychischen Störungen, bzw. psychischen Faktoren bei körperlichen Störungen, die für eine Gruppenpsychotherapie geeignet und motiviert sind.

Welche Voraussetzungen begünstigen eine erfolgreiche Gruppenarbeit?

Das Zusammenpassen und Toleranz der Teilnehmenden hinsichtlich ideologischer, religiöser, soziologischer, sozialer, ethnischer und intellektueller Merkmale.

Welche Einschränkungen der Teilnahme sind zu beachten?

Bei Nichtpatient*innen bestehen eingeschränkte Teilnahmechancen bei mangelhafter Motivation, Ablehnung der Gruppenarbeit oder persönlichen Beziehungen und Erfahrungen, die eine Akzeptanz und Einnahme der personzentrierten Grundhaltungen und die Selbstöffnung erheblich behindern. *Ausschlusskriterien* sind extreme

Differenzen und Intoleranz in ideologischen und religiösen Einstellungen.

Als Einschränkungen b*ei Patient*innen* gelten die Kriterien der Nonindikation und der Kontraindikation, die bei einer Personzentrierten Psychotherapie zu beachten sind. Eine Zusammenstellung von Störungen und Krankheiten innerhalb und außerhalb der Grenzen der Personzentrierten Gruppenarbeit bzw. Gruppenpsychotherapie findet sich u. a. in Speierer (1982). *Ausschlusskriterien* sind ausgeprägte psychopathologische Symptome wie bei schweren Persönlichkeitsstörungen und in akuten Stadien von Psychosen.

Die Abwägung der Pro- und Contra-argumente für eine Gruppenteilnahme und Gruppenzusammensetzung liegt in der Verantwortung der Gruppenleitung.

3. Einladung zur Gruppenteilnahme

Die Einladung zur Gruppenteilnahme erfolgt mit einer schriftlichen oder elektronischen Information. Sie enthält eine Einführung mit Hinweisen für die Gruppenarbeit, eine Information über den*die Gruppenfacilitator*in sowie weiterführende Literaturangaben. Dazu kommen Angaben über Zeit, Ort und Kosten der Veranstaltung sowie die Regularien der Anmeldung.

Beispiel: Einladung für eine personzentrierte Selbsterfahrungsgruppe

Thema: Einführung in die personzentrierte Selbsterfahrungsgruppe - Encountergruppe - (Encounter = Begegnung) (20 Einheiten a' 45 Min)

Regularien: Termin, Arbeitszeiten, Ort, Adresse, Kosten, Anmeldung.

Gegenstände und Inhalte der Gruppenarbeit: Die personzentrierte Selbsterfahrungsgruppe ermöglicht den Teilnehmer*innen die heilsamen Erfahrungen des von Carl R. Rogers (1902-

1987) beschriebenen therapeutischen Dialogs in Form einer Begegnung "von Person zu Person" selbst zu erleben und zu verwirklichen. Sie werden dabei vom *n Gruppenmoderator*in (Facilitator*in) durch ein beispielgebendes personzentriertes Beziehungsangebot und problembezogene Hilfen unterstützt. Indem sie ihre persönlichen Erfahrungen miteinander teilen, können sie die *Merkmale der personzentrierten Gruppenarbeit* und Gruppenatmosphäre für Beratung und Therapie erfahren und erproben. Diese sind:

Gemeinsame Erfahrungen von Sympathie, Vertrauen Verständnis und Hilfe

Freiheit von Angst und Stress

Offenheit, Auseinandersetzung und Feedback

Selbstöffnung

*Verständnis, Hilfe und Nähe des*der Gruppenmoderator*in*

So können problematische und selbstbedrohliche Erfahrungen thematisiert und bearbeitet werden. Die Gruppenarbeit zielt auf eine Verbesserung des Selbstvertrauens und eine Stärkung der persönlichen Ressourcen. Bisher selbstunverträgliche belastende Erfahrungen, Handeln, Gefühle und Bedürfnisse können wieder kongruent werden d.h. mit dem persönlichen Selbstverständnis in Einklang kommen. Die Offenheit gegenüber sich selbst, anderen Personen und gegenüber den Herausforderungen des Lebens wird vergrößert. Belastbarkeit und Leistungsfähigkeit im Alltag nehmen zu. Hilfen zur Gestaltung, Dokumentation und Evaluation der Gruppenarbeit auch zum Selbstversuch werden angeboten.

Literatur: Speierer, G-W. (2009): Personzentrierte Selbsterfahrungsgruppen, Empfehlungen für die Praxis (Manual), Empirische Ergebnisse, Materialien zur Gruppendokumentation und Evaluation 2.A. auf CD-ROM, © G.-W. Speierer, Regensburg, Vertrieb: Köln: GwG-Verlag.

Leitung: Dr. Gert - W. Speierer ist Prof. i. R. für Medizinische Psychologie der Universität Regensburg und Gastprofessor der Karls-Universität Prag. Er hat 1973 und 1974 mit Carl Rogers im La Jolla Programm San Diego USA in Selbsterfahrungsgruppen zusammengearbeitet. Er ist Ausbilder (GwG),

Lehrtherapeut und Supervisor (ÄGG) in personzentrierter Psychotherapie und Autor zahlreicher Veröffentlichungen.
Kontakt Email: gert.speierer@alice-dsl.net

4. Die erste Gruppensitzung (Kurzgruppe)

Bei Kurzgruppen mit nur einer Sitzung empfehle ich eine themenzentrierte Encountergruppe. Die Einladung zur Gruppenteilnahme wird hier ergänzt durch das Thema der Gruppenarbeit und ein Handout unmittelbar vor der Gruppensitzung.

Beispiel: Einladung, Information und Handout zu einer themenzentrierten kurz dauernden Encountergruppe
Thema: Bindung, Lösung und Abbruch. Personzentrierte Selbsterfahrungsgruppe (Enco*unter*) *(2,5 Std.)*
Regularien: Termin und Zeiten, Ort, Adresse, Kosten, Anmeldung.
Information: Die Teilnehmer*innen sind eingeladen in dieser Gruppe eigene Erfahrungen und Erleben von Bindung, Lösung und Abbruch im wertschätzenden, empathischen und aufrichtigen Miteinander der personzentrierten Gruppenarbeit zu erkunden und auszutauschen.
Moderator: Prof. Dr. Gert - W. Speierer, Leiter der Abt. für Medizinische Psychologie der Universität Regensburg von 1976-2006. Er hat 1973 und 1974 mit Carl Rogers im La Jolla Programm in San Diego USA in Encountergruppen gearbeitet und seither personzentrierte Selbsterfahrungsgruppen geleitet. Er ist Mitbegründer und Ausbilder der GwG, Lehrtherapeut und Supervisor der ÄGG und Autor zahlreicher Veröffentlichungen.
Email: gert.speierer@alice-dsl.net
Weiterführende Literatur: Speierer, G.-W. Personzentrierte Selbsterfahrungsgruppen 2. A. (2009) mit Empfehlungen für die Praxis (Manual), Empirische Ergebnisse, Materialien zur Gruppendokumentation und Evaluation auf CD-ROM. GwG-Verlag.

Handout: Tab. 1 Bindung, Lösung und Abbruch. Personzentrierte Selbsterfahrungsgruppe (Encounter) Herzlich willkommen! *Tab. 2 Bindung, Lösung und Abbruch. Personzentrierte Selbsterfahrungsgruppe (Encounter)* Wer bin ich? Was erwarte ich von diesem Workshop für mich? Du / Sie? *Tab. 3 Bindung, Lösung und Abbruch. Personzentrierte Selbsterfahrungsgruppe (Encounter)* Eigene themenbezogene selbstverträgliche und selbstunverträgliche Erfahrungen und deren persönliche Bedeutung(en)

Bei Kurzgruppen mit nur einer Sitzung beginnt nach der namentlichen meist auch beruflichen Vorstellung der Teilnehmer* innen, der Nennung ihrer Erwartungen und ihrem Votum für "Du" oder "Sie" die themenbezogene Arbeit.

Der*die Facilitator*in ist Trendsetter für die Gruppenatmosphäre und Gruppeninteraktion mit beispielhafter Selbstvorstellung und Begleitung der Vorstellung der Teilnehmer*innen sowie ihrer Mitteilungen (Selbstexploration) mit unbedingter Wertschätzung, Kongruenz, Offenheit und empathischem Verständnis.

Er*sie weist auf das Ende der Gruppenzeit hin und schlägt eine Feedbackrunde vor, in der er*sie und die Gruppenteilnehmer*innen ohne Vorgaben ihre Gruppenerfahrung teilen, optional auch durch den Vergleich mit ihren Erwartungen.

5. Die erste von mehreren Gruppensitzungen mit persönlichem Gruppenbeginn

Optionen für Gruppenfacilitator*in:

- *Wer bin ich, Was mache ich als Facilitator*in?*

„Liebe Gruppenteilnehmerinnen, liebe Gruppenteilnehmer. Ich möchte Sie zu Beginn dieser Personzentrierten Selbsterfahrungsgruppe herzlich begrüßen. Mein Name ist ...(N.N.). Ich bin...(Angaben zur Person) Meine

Aufgabe als Gruppenleiter*in, als Facilitator*in ist Ihnen die Gruppenerfahrung zu erleichtern. Die Gruppe bietet die Möglichkeit, mit den Methoden und Zielen der Gruppenarbeit vertraut zu werden und dabei sich selber und die eigenen Schwächen und Stärken besser kennen zu lernen".

Optionen für Teilnehmer*innen:

- *Wer bin ich?*
"Ich möchte vorschlagen, dass wir uns zunächst *gegenseitig* nacheinander vorstellen. Vielleicht in der Reihenfolge Vorname und Name sowie nach eigener Wahl etwas Persönliches, Berufliches, derzeitige Tätigkeit(en)." (Option: Namensschild vorzugsweise mit Vornamen.)

- *Was erwarte ich für mich?* (OF = Option: Auf Flipchart aufschreiben)

- *Was erwarte ich von der Gruppe?* (OF)

- *Wie fühle ich mich im Augenblick?* (OF)

- *Verwendung von "Du" oder "Sie" in der Begegnung*? Die Gruppenmitglieder entscheiden.

Der*die Facilitator*in ist ebenso wie in der Kurzgruppe Trendsetter für die Gruppenatmosphäre und Gruppeninteraktion mit beispielhafter Selbstvorstellung und Begleitung der Vorstellung der Teilnehmer*innen sowie ihrer Mitteilungen (Selbstexploration) mit unbedingter Wertschätzung, Kongruenz, Offenheit und empathischem Verständnis. Er*sie weist auf das Ende der Gruppenzeit hin mit der Möglichkeit der Fortsetzung des aktuellen Gruppenthemas in der nächsten Sitzung. Eine Alternative dazu ist eine angemessene Zeit vor dem Sitzungsende ein persönliches Feedback für und durch die Teilnehmenden zur gegenwärtigen Sitzung anzuregen.

Optionen für die Dokumentation, Evaluation und Arbeitsmaterial für die erste Sitzung

TN.: Flip-Chart mit Erwartungen und Erleben/Gefühlen der Teilnehmenden (TN.) bei Sitzungsbeginn

TN.: Gruppenerwartungsbogen (GE13) (Tab. 2) am oder vor Beginn der ersten Gruppensitzung

TN. und Fac.: Gruppenprozessbogen (GRP20) (Tab. 1) Im GRP20 wird das Erleben der ersten Sitzung durch die Teilnehmenden (TN.) und Facilitator*in (Fac.) dokumentiert. *(s.a. S.36)*

Fac.: (strukturierte) persönliche Notizen nach der Sitzung

Video- oder Tonaufzeichnung (nur, wenn über alle Gruppensitzungen mit den Teilnehmer*innen vereinbart)

Für Kurzgruppen zusätzliche Optionen:

TN.: Flip-Chart mit Erfahrungen und Erleben/Gefühlen bei Sitzungsende

TN.: Gruppenerfahrungsbogen (GErf13) (Tab. 4)

6. Die zweite Gruppensitzung

Informationen zur Personzentrierten Gruppenarbeit
Poster oder Handout: Theorie, Ziele, Leitlinien, Regeln, um einen Konsens in der Gruppe für die gemeinsame Arbeit zu erleichtern. (s. a. Tab. 3)

Optionen zur Erleichterung der Gruppenarbeit
• *Vorzugsweise offener Gruppenbeginn:* Geeignet für Personen mit Grundkenntnissen oder praktischen Erfahrungen mit dem Personzentrierten Ansatz.

• *Unstrukturierte (non-direktive) Möglichkeiten:* Auf die Unmöglichkeit wirklich non-direktiv zu beginnen, möchte ich hinweisen.

„Beginnen wir also." „Ja, bitte ..."

● *Prozessdirektive Möglichkeiten:*

„Wir kommen jetzt (wieder) zum Kern unserer Gruppenarbeit. Wir teilen einander mit, das was uns gerade jetzt richtig und wichtig genug erscheint es auszusprechen. So begegnen wir einander und auch uns selbst."

„Wer mag, kann also beginnen. Ich höre aufmerksam zu und versuche, mich in das Erleben, das ich dabei spüre, einzufühlen. Was ich verstehe und erlebe, werde ich, wenn es mir passend erscheint, mitteilen. Ich möchte Sie alle einladen, sich auf die gleiche Weise persönlich einzubringen."

● *Themenzentrierte Vorschläge:*

„Vielleicht könnten wir da wieder anfangen, wo wir in der letzten Sitzung aufgehört haben?" „Gibt es nach unserer letzten Sitzung ein „unerledigtes Geschäft" oder eine entsprechende Erfahrung oder Nacherleben, um damit zu beginnen?" „Was haben Sie nach der letzten Sitzung erlebt, das Sie/Ihr jetzt mitteilen möchten/möchtet?"

● *Alternativvorschlag für den Anfang:* Der Austausch von Gefühlen und Erwartungen auf der Flipchart oder das in dem Handout präsentierte Informationsmaterial ist geeignet für Personen, die noch keine Erfahrung oder Wissen über den Personzentrierten Ansatz haben oder wenn auf die Vorschläge zum freien Gruppenbeginn ein Austausch nicht zustande kommt.

„Was halten Sie davon, wenn wir damit beginnen, ein Thema von der Flip-Chart (aus dem Handout) zu nehmen, das persönlich wichtig ist?"

Optionen zur Arbeit, Dokumentation und Evaluation der zweiten Gruppensitzung

Flip-Chart: Liste der Erwartungen und Gefühle der Gruppenteilnehmer*innen (aus der ersten Sitzung)

Präsentation von Poster oder Handout mit Informationen zur Gruppenarbeit (Tab. 3) bei Teilnehmenden ohne Grundkenntnisse der personzentrierten Arbeitsweise.

TN. und Fac.: *Gruppenprozessbogen (GRP20)*

Fac.: (strukturierte) persönliche Notizen nach der Sitzung

Video- oder Tonaufzeichnung

7. Die dritte und folgende Gruppensitzungen

Optionen am Anfang

● *Offene Gruppengestaltung (free encounter):*

● *Nicht-direktive Optionen (als Regel):*
„Hallo, guten Morgen (andere Tageszeit)" „Fangen wir an" „Bitte......."

● *Optionen mit Selbstöffnung (Ausnahme) mit Bezug auf die vorhergehende Sitzung* (unerledigte Erfahrungen, abgebrochene Themen):
„Nach unserer letzten Sitzung spüre ich..."

● *Optionen mit Bezug auf das augenblickliche Erleben:*
„Was ich gerade erlebe ist, ..."
Vielfältige weitere Optionen sind möglich.

Optionen während der Sitzungen:

Rogers (1970) Empfehlungen für Facilitator*innen

● ein Personzentriertes Gruppenklima erleichtern, Annahme, Wertschätzung für die einzelnen Gruppenmitglieder,

- empathisches Verstehen,
- eigene Gefühle ausdrücken,
- nicht-verletzende Konfrontation und Feedback,
- weder Inhalte noch bestimmte Übungen vorausplanen,
- Interpretationen oder Prozesskommentare vermeiden,
- dem therapeutischen Potenzial der Gruppe und den Gruppenmitgliedern vertrauen,
- körperliche Bewegung und (nichtverbale) Kontakte wohlwollend akzeptieren,
- anstatt als Autorität als Person authentisch präsent sein.

Rogers (1970) Warnungen vor nicht-facilitativen Verhaltensweisen

- Die Gruppe in Richtung von unausgesprochenen Zielen des*der Facilitator*in unter Druck setzen bzw. dirigieren,
- Erfolg und Versagen bewerten oder dramatisieren,
- Beurteilungen entlang dogmatischer Vorstellungen oder Überzeugungen,
- die Gruppe auf sich selbst zu zentrieren,
- häufige Interpretationen der Motive oder Verhaltensursachen von Teilnehmer*innen,
- Manipulation durch forcierte Übungen und Aktivitäten,
- Zurückhaltung der eigenen persönlichen gefühls- und erlebnismäßigen Beteiligung.

Gendlin (1981) sechs Schritte zur Erleichterung des Focusingprozesses

Die sechs Schritte, um die unklare Bedeutung einer körperlich gefühlten Erfahrung zu fokussieren, dienen dazu neues Erleben aus dem Inneren der Person zu erleichtern.

- *Platz schaffen* „wie fühle ich mich?" „wieso fühle ich mich in diesem Augenblick nicht vollkommen wohl?" „was plagt mich an diesem bestimmten Tag?"

- *Fühlen des Problems*: „welches Problem ist gerade jetzt am schwerwiegendsten?" „welches schmerzt am meisten, am stärksten, schwersten, schärfsten, beissendsten, erstickendsten?" „welches fühlt sich am schlechtesten an?" „welche Antwort gibt mein Körper?"

- *Finden der „Crux"* „was ist die Crux des Problems? Was ist das schlimmste daran? Was ist es eigentlich, das mich bedrückt?" „warten Sie" Lassen Sie die Antwort aus dem Bauch heraus auf sich zukommen.

- *Definition:* „Lassen Sie Worte oder Bilder von Ihrem Gefühl ausgehen. Lassen Sie es sich selbst definieren. Lassen Sie es sich selbst erklären."

- *Erwarten Sie Worte und Bilder*, „die aus dem Gefühl heraus fließen". „Es sind Worte und Bilder, die einen `body shift` auslösen, er wird immer als positiv empfunden."

- *Befragung*: „Vergleichen Sie die Definition, Worte oder Bilder aus dem 4. Schritt mit Ihrem Gefühl". Fragen Sie „Stimmt das?" „Das Gefühl, das Richtige gefunden zu haben, bewirkt eine Veränderung in Ihrem Körper."

Eine weitere Runde: Um eine Vertiefung des Erreichten herbeizuführen, wieder mit dem 2. Schritt beginnen usw. Um ein bestimmtes Problem selbstverträglich zu lösen, können viele solcher Zyklen oder Schritte nötig sein. Jeder erfolgreiche Schritt wird durch eine körperliche Veränderung, den `body shift`, angezeigt.

Speierer (2002b) Der Dreischritt der Inkongruenzbearbeitung

1. Inkongruenz fokussieren: Selbstexploration des selbstinkongruenten (selbstunverträglichen oder selbstbedrohlichen) Erlebens erleichtern und differenzieren. Förderliche Hinweise dazu:

- *Sensible Aufmerksamkeit* für die Mitteilung selbstinkongruenter (Bewertungen) von Gedanken, Gefühlen und Handlungen.
- *Ermutigen* Inkongruenz zuzulassen, auszusprechen und zu spüren.
- Der Inkongruenz erlebenden Person mit *unbedingter positiver Wertschätzung begegnen, mit authentischem und empathischem genauem Hinhören und Verstehen* des selbstinkongruenten Erlebens.
- *Gegebenenfalls offen fragen*, z.B. was es ist, wie es sich anfühlt, wie es ausschaut, wie es Denken, Fühlen und Handeln beeinflusst, was es für einen selbst und die Beziehung zu Anderen bedeutet.

2. Inkongruenz bearbeiten: Selbstinkongruentes Erleben vertiefend explorieren mit dem Ziel es zu tolerieren, zu verringern oder durch selbstkongruente(re), selbstverträgliche(re) Bedeutungen bzw., Bewertungen zu ersetzen.

- *mit offenen Fragen*, etwa: Wie es weitergehen könnte, wie es enden könnte, was möglich oder unmöglich wäre, was es schwierig macht, was es erleichtern oder bessern könnte, wie es selbstverträglich werden könnte, welche Alternativen denkbar oder machbar wären.

- *mit Prozessvorschlägen* wie z. B.: Im Erleben bleiben, weitergehen, sich andere Aspekte vorzustellen, zu verwirklichen, Konsequenzen zu bedenken, neue Bedeutungen zu suchen oder zu finden, bisherige Erfahrungen, Gedanken, körperliches Empfinden, Handlungen, Umfeld berücksichtigen.

- *mit Hinweisen,* um persönliche Strategien für die Auslösung und die Vergrößerung von Inkongruenz zu erkennen und die Anteile persönlicher Verantwortung anzunehmen

- *auf Ressourcen aufmerksam machen*

Ressourcen, um Inkongruenzerleben zu bearbeiten und zu überwinden. (nach Speierer 2018)

- *Inkongruenztoleranz, um* unauflösliche Widersprüche der menschlichen Existenz zu erkennen und anzunehmen ohne "verrückt" zu werden.

- die aus dem Inkongruenzerleben resultierende psychophysische Aktivierung und Anspannung nicht belastend werden lassen, sondern als Chance kreativ nutzen.

- *Selbstwertschätzung, Selbstannahme* sowie Selbsteinfühlung, die zum Selbstverständnis führt.

- *Selbstkongruenz* aus der Verträglichkeit von organismischer Bewertung, Wertintrojekten und Lebensereigniskonstrukten.

- *Wertschätzung, Empathie und Aufrichtigkeit* gegenüber anderen Personen.

- *Flexibilität, Selektive Aufmerksamkeit, Differenzie-rung, Fokussierung, Konkretisierung, Attribuierung, Relativierung und Stereotypisierung* . (Sie sind Informationsverarbeitungsstrategien mit fallweise förderlichen oder störenden Auswirkungen.
- *Selbstheilungspotentiale* in Form der dem Organismus eigenen Selbstregulation und Entwicklungsrichtung.

3. Selbstverträgliche = selbstkongruente Lösungen finden: Von selbstinkongruenten Problemerfahrungen unterscheidet sich das Erleben beim oder nach dem Finden selbstkongruenter Problemlösungen ganz erheblich wie z. B.:
- ein positives ganzheitliches bio-psychosoziales Erleben der Stimmigkeit
- ein Schritt in die richtige Richtung
- ein Augenblick der Befreiung von einer Last der Vergangenheit
- ein Moment der Entspannung
- die Erfahrung der Harmonie von Körper und Seele, von Selbst und Welt
- ein Augenblick von Einsicht und Erhellung
- das sich Öffnen einer Tür zu neuen Perspektiven
- ein Glückserleben

Optionen zur Dokumentation und Evaluation für die dritte und folgende Sitzungen
TN. und Fac.: Gruppenprozessbogen (GRP20)
Fac.: (strukturierte) persönliche Notizen nach der Sitzung
Video oder Tonaufzeichnung

8. Schwierige Gruppensitzungen

Schwierige Situationen im Verlauf der Gruppenent-wicklung stellen für verantwortungsvolle Facilitator*in-nen eine besondere Herausforderung dar.

Problem 1: *Kongruente (selbstverträgliche) Lösungen für die gerade bearbeiteten Probleme eines/r Teilneh-mers*in in der der Gruppeninteraktion werden (auch in mehreren Sitzungen) nicht erreicht* trotz angemessener Aufmerksamkeit und Bearbeitungshilfen durch den*die Facilitator*in.

Anzeichen: *Stillstand der Selbstexploration, Schwei-gen, „Widerstand" oder latenter und manifester Kon-trollverlust* auf kognitiver, emotionaler oder Handlungs-ebene.

Häufigeres Vorkommen und Ursachen: *Anfangssit-zungen*, in denen als sicher erlebte Beziehungen zwi-schen den Gruppenteilnehmer*innen noch fehlen, zu-nehmend inkongruentes Erleben, das durch *fordernde Interventionen des*der Facilitators*in oder Teilneh-mender* ausgelöst wird, die Einzelne oder Alle momen-tan überfordern.

Hilfreiche Optionen um schwierige oder kritische Si-tuationen zu vermeiden bzw. zu handhaben:

• Der Gruppe von Anfang an *kongruent*, authen-tisch, offen, wahrhaftig und persönlich *achtsam* anstatt dominant zu begegnen.

• *Die Grenzen und den Zeitbedarf jeder Person re-spektieren*, die diese benötigt, um inkongruente Erfah-rungen mitzuteilen und daran zu arbeiten.

- *Weder einzelne noch die Gruppe in inkongruentes Ereben hineintreiben.*

- *Dem Prozess vertrauen: D*er*die Einzelne und die Gruppe als Ganzes werden da, wo sie gerade blockiert sind, in ihrer Selbsterfahrung weitergehen, wenn genügend Vertrauen und Sicherheit entstanden bzw. wiederhergestellt sind.

- *Den „Kontrollverlust" einer Person zulassen*, begleiten und mit Toleranz akzeptieren. Er kann so zu einem kathartischen Erleben werden. Dieses kann am Beginn einer kongruenten Lösung stehen oder zu einem „felt shift" werden.

Problem 2: *Akute Krisenreaktion aus einem unerträglichen Anwachsen der Bedrohung durch selbstinkongruente Erfahrungen.*

Anzeichen: *Kontrollverlust* in Form von psycho-physischer Spannung, Körpersymptomen, Angst oder Panik, Weglaufen, aggressive Impulse und Äußerungen, *Blockade* von Gedanken, Gefühlen und Handlungen.

Häufige Ursachen: *Ein existenziell bedeutsames selbstinkongruentes Thema* oder ein sogenannter wunder Punkt wurde unerwartet bzw. zur Unzeit ins Bewusstsein gedrängt. Dahinter mag eine zu aktive Konfrontation oder Bedrängung durch eine*n oder mehrerer Gruppenteilnehmer*innen oder den*die Facilitator* in stehen. *Verletzende Offenheit*: beispielsweise unangemessene Kritik, die Mitteilung negativer Gefühle und negativer Bewertungen der Person als ganzer. *Unsicherheit, Insuffizienz des*der Facilitator*in: etwa wenn* durch das Stressverhalten einer Person für ihn*sie selbst bedrohliche Probleme und Erfahrungen überhand nehmen.

Theoretische Anmerkung: Im Erleben einer krisenhaft überwältigenden Inkongruenz kann die gesunde Aktualisierungstendenz zeitweilig blockiert sein. Die betroffene Person gerät dann in eine kritische Situation, einen Ausnahmezustand, aus der er*sie sich selbst nicht mehr befreien kann. Dann können aktive (therapeutische) Kriseninterventionen des*der Facilitator*in oder der Gruppenmitglieder notwendig werden.

Hilfreiche Optionen zur Bewältigung akuter Krisensituationen mit verschiedenen Arten der Krisenintervention:

• *Verbale Optionen:* Etwa die betroffene Person ansprechen oder vorschlagen, aus dem Prozess des überfordernden Inkongruenzerlebens auszusteigen und in einen selbstverträglicheren Erlebensbereich zurückzukehren sowie dort zu verweilen.

• *Non-verbale Optionen: Sie* könnten darin bestehen, schützenden und stützenden Körperkontakt anzubieten, um so selbstinkongruentes Belastungserleben einerseits tolerierbarer zu machen, andererseits sein Abklingen zu erleichtern. Dazu gehören beispielsweise eine Berührung am Arm oder an der Hand, einer weinenden Person ein Taschentuch anbieten, jemanden in den Arm zu nehmen.

• *Handlungsbezogene Optionen: Sie* ergeben sich aus der Möglichkeit, mit Atem- und Entspannungsübungen in der momentanen Situation oder durch Bewegungsausdruck mit Gestik, Mimik und Körpermotorik selbstunverträgliche psycho-physische Spannung zu leben und abzubauen.

• *Spezifische Optionen der medizinischen Krisenintervention: Sie* kommen in Frage, wenn alle kommunikativen Möglichkeiten nicht ausreichen, um ein Abklingen der akuten Krisenreaktion in Gang zu setzen. Der Zusammenbruch oder die Blockade der Aktualisierungstendenz wird beendet, wenn das Inkongruenzerleben spontan oder durch die geeigneten Interventionen in einen Bereich zurückgeht, der für das Selbst der Person wieder erträglich ist. Danach sind direktive Optionen der Krisenintervention nicht länger notwendig und angemessen.

Optionen zur Dokumentation und Evaluation von schwierigen- und Krisensitzungen
TN.: Gruppenprozessbogen GRP20
Fac.: (strukturierte) Aufzeichnungen nach der Sitzung
Video- oder Tonaufzeichnung

9. Die letzte Gruppensitzung

Optionen für die Gestaltung:
- *Teilen einer persönlichen Zusammenfassung der Gruppenerfahrung* sowohl der Teilnehmenden sowie des*der Facilitators*in
- *Ein Vergleich der Erwartungen zu Beginn der Gruppe mit den Erfahrungen durch die Gruppenteilnahme*
- *Eine persönliche Verabschiedung*

Optionen zum Teilen der Gruppenerfahrung
- *Zwei gering strukturierte Optionen:*
„Unsere Gruppenerfahrung geht heute ihrem Ende entgegen." „Wir kommen zur letzten Sitzung unserer Gruppenerfahrung".
- *Strukturiertere Optionen:*
„Ich möchte vorschlagen, die letzte Sitzung in zwei Hälften durchzuführen. Die erste für unser Erleben hier & jetzt

zu reservieren, um es miteinander zu teilen, bevor wir auseinander gehen. Die zweite Hälfte, um eine persönliche Zusammenfassung der Gruppenerfahrung jeder*jedes Einzelnen hier auszutauschen. Dabei könnten wir einander auch ein Feedback geben, also wie wir einander erlebt haben. Das soll auch für mich als Facilitator*in gelten".

Option zum Vergleich der Erwartungen mit den Erfahrungen

● *Eine strukturierte Option:*

„Ich habe die Flip-Chart mit den Erwartungen jeder Person am Anfang der Gruppe noch einmal aufgestellt. Jetzt bitte ich, dass jede*r seine Erfahrung, die er*sie in der Gruppe gemacht hat, auf die FlipChart für die Erfahrungen schreibt. Das Ergebnis werden wir anschließend besprechen."

Optionen zum persönlichen Abschied

● *Eine gering strukturierte Option:*

„Die Zeit ist jetzt gekommen, uns zu voneinander zu verabschieden."

● *Zusätzliche Optionen (wenn angemessen):*

„Danke, dass wir einander so persönlich begegnen konnten." „Danke, dass wir so gut zusammengearbeitet haben." „Die Gruppenerfahrung bedeutet mir ……..." „Auch meine Erwartungen ……wurden (wie zutreffend) erfüllt."

Optionen zur Dokumentation und Evaluation der letzten Gruppensitzung

TN. und Fac.: Gruppenprozessbogen (GRP20)

TN.: Gruppenerfahrungsbogen (GErf13) (Tab. 4) mit den Erfahrungen der Gruppenteilnahme

Flip-Chart mit den Erwartungen der Teilnehmenden bei Gruppenbeginn

Flip-Chart mit den Erfahrungen der Teilnehmer*innen durch die Gruppenteilnahme bei Gruppenende

TN.: Diskussion: Vergleich der persönlichen Erwartungen mit den individuellen Erfahrungen

Fac.: (strukturierte) persönliche Notizen nach der Sitzung

Video- oder Tonaufzeichnung

10. Die Gruppennacherfahrung: Katamnese und Transfer

Optionen zur Gestaltung der Gruppennacherfahrung:

● *Persönliches Wiedersehen:*

"Reunion", der Gruppenteilnehmer*innen: Informelle Begegnung oder offizielle Sitzung mit Austausch der Erinnerungen an die Gruppe und die Erfahrungen in der Zeit danach. Pro und Contra abwägen.

● *Fragebogen:*

Standardisierte Fragen nach dem Ende des Wiedersehens zu den Erfahrungen während der Gruppenteilnahme und Fragen zu verschiedenen Aspekten.

● *Schriftliche oder digitale Katamnesebefragung:*

Persönliches Anschreiben und Fragebogen.

Optionen zur Dokumentation und Evaluation der Gruppenkatamnese

Fac.: (strukturierte) persönliche Notizen nach der Gruppenkatamnesesitzung

TN.: Gruppennachbefragungsbogen (GrNB36) (Tab. 5)

II. Empirische Ergebnisse

**Rückblick auf 55 Jahre personzentrierte Gruppener-
fahrung und Gruppenforschung**

1. Vorbemerkung

Meine Erfahrungen als Gruppenfacilitator begannen
1964 und 1968, meine empirischen Arbeiten startete ich
1971. Rogers hatte die Stadien der Gruppenentwicklung
(1967) und seine persönlichen Gruppenerfahrungen in
seinem Buch *Encountergruppen* (1970) anschaulich und
lebendig beschrieben. Meine eigenen Ergebnisse wurden 1974, 1976, 1978, 1979, 1981 und 1982 veröffentlicht, gemeinsam mit meinem viel zu früh verstorbenen
Kollegen Bernward Hochkirchen 1986 und erneut 2002
und 2003. Ich habe sie 2006 in der ersten Auflage der
Personzentrierten Selbsterfahrungsgruppen erstmals zusammengefasst.

2. Gruppendokumentation

**Entwicklung und Validierung von leicht anwendba-
ren Fragebögen, um die Erlebensentwicklung, Erwartungen und Erfahrungen der Gruppenteilneh-
mer*innen entsprechend der personzentrierten Theorie der Selbsterfahrungsgruppe zu beschreiben.**

2.1 Der Gruppenprozessbogen (GRP20) (Tab. 1)

In meinen Untersuchungen zwischen 1971 und 1976
wurden 50 Items aus den Arbeiten von Rogers (1967
und 1970) über personzentrierte Gruppen und den Gruppenprozess zu einem Gruppenprozess-Fragebogen (GR-
P50) zusammengefasst. Er wurde nach jeder von bis zu
10 zwischen 2 und 10 Stunden dauernden Gruppensit-

zungen von insgesamt 174 Student*innen, Therapeuten und Patient*innen als Teilnehmer*innen von 17 Personzentrierten Selbsterfahrungsgruppen ausgefüllt. Die faktorenanalytische Validierung des GRP50 ergab *fünf Dimensionen des Gruppenerlebens* Diese waren unter Berücksichtigung des Eigenwertekriteriums ≥ 1 extrahiert worden und sie erwiesen sich als über die Zeit stabil (Speierer 1976). Sie beschreiben:

• *Gegenseitige Sympathie, Vertrauen, Verständnis und Hilfe* (Solidarität) unter den Gruppenteilnehmer*innen. Mit 29% der Varianz kann dieser Erlebensbereich als die bedeutsamste Qualität der Gruppenerfahrung angesehen werden.

• *Die erlebte Freiheit von Angst und Stress* steht mit 11% der Varianz an 2. Stelle.

• *Die Erfahrung von Auseinandersetzung und Feedback* zwischen den Teilnehmer*innen steht mit 5% der Varianz auf dem 3. Platz.

• *Das Transparentwerden des eigenen und fremden Erlebens* mit von Zeit zu Zeit starken eigenen und wesentlichen Gefühlen und Erfahrungen bei sich und anderen (Selbstöffnung) besetzt mit 3% der Varianz den 4. Platz.

• *Das Erleben von Verständnis, Hilfe und Nähe des*der Facilitator*in* kommt schließlich mit ebenfalls 3% der Varianz an die 5. Stelle der Gruppenerfahrungen. Mit dem GRP50 und der ihm äquivalenten Kurzfassung GRP20 kann sowohl das individuelle Gruppenerleben wie das Erleben der Gesamtgruppe in Form von Durchschnittswerten des Individualerlebens in diesen fünf Dimensionen dargestellt und ausgewertet werden. Dazu kommt:

• *Der individuell wahrgenommene Nutzen der Gruppenteilnahme* in Form des Erlebens von mehr Gelassenheit im Umgang mit eigenen Schwierigkeiten und Problemen.

Auf diese Weise führt der Gruppenprozessbogen *GR-P20 mit 20 Fragen* zu *sechs individuellen Erlebensskalenwerten auf je einer 6-Punkte-Skala*, die von "*überhaupt nicht*" (1) bis "*ja, ganz genau*" (6) reicht. (Tab. 1) Der Fragebogen kann zum persönlichen Gebrauch mit Ausnahme für den Verkauf kopiert werden. Dasselbe gilt auch für die Handauswertung. (Tab. 6) Ein Programm für die Computerauswertung mit dem SPSS (Bühl und Zöfel 1998) ist vom Autor auf Anfrage erhältlich. Hypothesen über die Stadien des Gruppenprozesses, die auch als spezifische Prozessziele der personzentrierten Gruppenarbeit angesehen werden können und über den Nutzen der Gruppenarbeit durch eine gelassenere, m. a. W. selbstkongruentere Sicht der eigenen Probleme erhielten auf diese Weise eine empirische Grundlage (Speierer 1976, 1978, 1979, 2002b, 2003b)

2.2 Der Gruppenerwartungsbogen (GE13) Tab. 2
2.3 Der Gruppenerfahrungsbogen (GErf13) Tab. 4

Um das Erreichen von Gruppenzielen in personzentrierten Gruppen zu überprüfen, benutzten wir seit 1974 den Gruppenerwartungsbogen (GE13) mit Fragen nach den Erwartungen an die Gruppenteilnahme und den Gruppenerfahrungsbogen (GErf13) für die Erfahrungen am Gruppenende, beide Fragebögen mit jeweils 13 Items (Tab. 2 und Tab. 4).

Die Analyse der Erwartungen an die Gruppenarbeit zeigt an, ob eine Person wenigstens ein wenig mit dem personzentrierten Ansatz vertraut ist. Sie erfolgte entsprechend dem Eigenwertekriterium $\geq 1,0$ faktorenanalytisch.

Es ergaben sich *fünf validierte Erwartungen* (Speierer 2002b).

- *Verbessertes Selbstverständnis, Selbstöffnung* und die Lösung bzw. *Bewältigung eigener Schwierigkeiten* (18% der Varianz)

- *Die Furcht vor Stress durch negative Gefühle anderer* Gruppenteilnehmer*innen (13% der Varianz)

- *Die Hoffnung, anderen helfen zu können*, ihre Probleme zu lösen *und Hilfe* von ihnen *für die eigenen Probleme zu bekommen* (12% der Varianz)

- *Die Erwartung von besseren als alltäglichen Umgangsformen* in der Gruppe (10% der Varianz)

- *Mehr selbstverträgliche* und *selbstkongruente Erfahrungen und verbesserte eigene Fähigkeiten mit anderen zu kooperieren* (10% der Varianz)

Die Analyse der Erfahrungen am Ende der Gruppe mit dem Gruppenerfahrungsbogen erbrachte ebenso nach dem Eigenwertekriterium $\geq 1,0$ faktorenanalytisch gesicherte *fünf Erfahrungen der Personzentrierten Gruppenarbeit* (Speierer 2002b).

- *Verbessertes Selbstverständnis, Selbstöffnung und die Lösung bzw. Bewältigung eigener Schwierigkeiten* (20% der Varianz)

- *Selbstkongruent ohne Stress anderen helfen zu können* (20% der Varianz)

- *Erfahrung besserer Umgangsformen und mit weniger Druck zusammenzuarbeiten* (16% der Varianz)

- *Austausch guter Gefühle* (13% der Varianz)

- *Erfahrung, dass und wie Gruppenmitglieder ihre Probleme lösen können* (10% der Varianz)

Die beiden Fragebögen können zum persönlichen Gebrauch mit Ausnahme für den Verkauf kopiert werden. Eine Maske für die Auswertung mit dem SPSS kann vom Autor auf Anfrage erhalten werden.

2.4 Der Gruppennachbefragungsbogen (Gruppenkatamnesebogen) (GrNB36) (Tab. 5)

Zur Dokumentation der Langzeiteffekte der Gruppenteilnahme wurden 36 Items aus mehreren Quellen verwendet, die nicht mehr eindeutig ihren ursprünglichen Autoren zugeordnet werden konnten. Dieser Fragebogen wird von den Gruppenteilnehmer*innen z.B. ein Jahr nach dem Ende ihrer Gruppe beantwortet. Überwiegend Fragen mit vorgegebenen Antwortmöglichkeiten und einige offene Fragen erfassen:

- *Unspezifische Veränderungen durch die Gruppenerfahrung* (4 Items, markiert mit **UÄ** in den Hinweisen zur Auswertung in Tab. 7)**,**

- *Veränderungen in Hinblick auf Wachstum und soziale Kompetenz* (17 Items **WK**),

- *Veränderungen persönlicher Motive* (6 Items **MÄ**),

- *persönliche Kontakte mit Gruppenteilnehmer*-innen nach dem Gruppenende* (2 Items **KE**),

- *Erfahrungen in anderen Selbsterfahrungs)gruppen (2 Items AG),*

- *Motivation an neuen Gruppen teilzunehmen* (2 Items **NG**),

- *Austausch mit Anderen über Gruppen und Bemühungen sie für eine Gruppenteilnahme zu motivieren* (2 Items **AM**)

- *Transfer der Gruppenerfahrung ins alltägliche Leben* (1 Item **T**)

- *den relativen Nutzen der Gruppenteilnahme* im

Vergleich zu anderen helfenden oder psychotherapeutischen Erfahrungen (1 Item **NV**).

Erste positive Ergebnisse wurden veröffentlicht (Speierer 2003a).

Der Fragebogen kann zum persönlichen Gebrauch mit Ausnahme für den Verkauf kopiert werden.

3. Zur Gruppenentwicklung in der personzentrierten Selbsterfahrungsgruppe (Prozessevaluation)

Datengrundlage sind zwei Stichproben von je 17 Personzentrierten Selbsterfahrungsgruppen mit insgesamt 174 Teilnehmer*innen. Der Beobachtungszeitraum erstreckt sich über eine Gruppenteilnahme von jeweils bis zu 40 Stunden.

3.1 Zum Stadienmodell des Gruppenprozesses und der Entwicklung des Gruppenerlebens

Ein hilfreiches Gruppenklima entwickelt sich besonders innerhalb einzelner Sitzungen schrittweise mit Höhen und Tiefen, jedoch nicht kontinuierlich. Fast regelmäßig nach dem Anstieg der Qualität einer hilfreicher Gruppeninteraktion erfolgt deren Abfall und erst nach einiger Zeit ein neuer Anstieg mit der Möglichkeit, ein höheres Niveau hilfreicher Interaktion als zuvor zu erreichen. Diese besondere Qualität der Gruppenentwicklung läuft parallel mit einem Auf und Ab der Selbstöffnung und der Arbeit an wirklich persönlich bedeutungsvollen Themen. Dieser Prozess wurde durch Videoanalysen, in denen die Selbstexploration der Gruppenmitglieder durch Fremdbeobachtung eingestuft wurde, festgestellt. Diese Eigentümlichkeit der Entwicklung einer hilfreichen Qualität der Gruppeninteraktion wurde als *Diskontinuitätsmodell* des Mitteilens und Arbeitens an persönlichen Problemen in personzentrierten Gruppen benannt (Speierer und Hochkirchen 1986). Wird jedoch statt der

Fremdbeurteilung der Selbstöffnung der Gruppenteilnehmer*innen deren Selbstbeurteilung nach den Gruppensitzungen benutzt und Durchschnittswerte für Gruppensitzungen und deren Verlauf berechnet, wird die Diskontinuität nicht mehr erkennbar.

In der Entwicklung von Gruppen erscheint auch *das Stadienmodell*, d.h. die Annahme von mehreren unterschiedlichen, gleichwohl nicht gegenseitig sich ausschließenden Prozessstadien des Erlebens, die regelmäßig aufeinander folgen, mehr als Ergebnis selektiver Wahrnehmungen des*der Facilitator*in. Sie entstehen durch deren aus Vorwissen gespeisten Erwartungen, die ihre Wahrnehmung leiten. Sie können durch die Prozessdaten des Erlebens der Gruppenteilnehmer*innen nicht bestätigt werden.

Nur selten erleben alle oder eine Mehrzahl der Gruppenmitglieder gleiche Qualitäten, die als gemeinsame Stadien des Erlebens - wie etwa Stress und Angst, Gefühle, therapeutische Begegnung oder eine neue Qualität der Beziehungen - gleichsam repräsentativ für die ganze Gruppe - beobachtet bzw. beurteilt werden könnten.

Stattdessen *dominiert individuell unterschiedliches Erleben in der Gruppe*. In der meisten Zeit des Bestehens einer Gruppe nehmen unterschiedliche Personen in unterschiedlich aktiver Weise teil, erfahren unterschiedliche Qualitäten unterschiedlicher Modalitäten des Erlebens und befinden sich an unterschiedlichen Punkten ihrer Entwicklung zu der Person, die sie wirklich sind sowie in einer Situation, um neue selbstverträgliche Erfahrungen zu machen.

Insofern ist es *eine weise Regel, dass Gruppenmoderator*innen das Erleben einzelner Personen ansprechen und nur ausnahmsweise das der Gruppe als Ganzes.*

Was als *Stadien des Gruppenprozesses angenommen wurde, sind allgemeine Modalitäten individuellen Erlebens,* die in fast allen Gruppensitzungen existieren. Sie kommen jedoch bei unterschiedlichen Personen auf unterschiedliche Art und Weise und zu unterschiedlichen Zeiten vor. *Es ist sehr selten, dass über einen mehr als kurzen Zeitraum nur eine Art von Erleben von allen geteilt wird.*

So ist das früher angenommene *erste Stadium eines stressvollen Gruppenanfangs* umzuformulieren in den allgemeineren *Modus stresshafter Erfahrungen.* Dieser Modus mag bei Gruppenbeginn deutlicher sein, aber er kann mehr oder weniger zu jeder Zeit der Gruppenentwicklung individuell vorkommen. Seine Anzeichen sind u. a. Spannung, psychische-, körperliche- und Verhaltenssymptome, Stress, Schweigen, Konfusion, Isolation, Weinen, oberflächliche Freundlichkeit, Enttäuschung, Frustration, Ärger oder das Verlassen des Sitzungsraums. Diese Form des Erlebens erscheint wahrscheinlicher bei Personen, die zum ersten Mal an einer Selbsterfahrungsgruppe teilnehmen und die noch keine Vorstellung des personzentrierten Arbeitens und seiner Anwendung in Gruppen haben. Sie ist auch wahrscheinlicher, wenn die Gruppe durch den*die Facilitator*in in einer klassischen eher non-direktiven, d.h. unstrukturierten Art und Weise begonnen wird. Unter diesen Umständen können die meisten Personen von persönlich bedeutungsvollen Erfahrungen vorwiegend negative Gefühle und Zweifel an der Gruppenleitung und ihren Methoden mitteilen oder sie stellen Fragen. Die Äußerungen drehen sich auch um das Thema, ob man in der Gruppe einander vertrauen kann und bleiben will.

Jedoch kann der Gruppenbeginn auch überwiegend positiv und wenig bzw. nur kurzfristig stressig erlebt werden. Die Mehrzahl der Teilnehmer*innen beurteilt dann den Anfang konstruktiv, relevant und persönlich, eine Minderheit erlebt ihn mit gemischten Gefühlen und zeitweiligem Stress. Diese *gemischt positiven Gefühle am Gruppenbeginn* werden erleichtert, erstens, wenn die Teilnehmer*innen schon (positive personzentrierte) Gruppenerfahrungen haben, zweitens, wenn den Teilnehmer*innen ein Austausch über ihre Erwartungen und Ziele für die Gruppenteilnahme ohne Druck auf den einzelnen angeboten wird, drittens wenn die Teilnehmer*innen über die Grundannahmen, die hilfreichen Einstellungen und Ziele der personzentrierten Arbeit und von Selbsterfahrungsgruppen (Encountergruppen) in, vor oder nach der ersten Sitzung informiert werden. Informationsinhalte dazu sind in Tab. 3 dargestellt.

Wenn die Gruppen, wie im oben im Manual (Teil I., 2.) vorgeschlagen wurde, vorinformiert, zusammengesetzt und begonnen werden, erleben bis zu 16% der Gruppenteilnehmer*innen Freiheit von Angst und Stress in jeder der Gruppensitzungen. Ebenso erleben in jeder Sitzung bis zu 16% der Gruppenmitglieder ein konstantes Ausmaß von Angst und Stress. Die Durchschnittswerte lassen erkennen, dass sowohl beim Beginn wie über die Gruppendauer hinweg, Angst und Stress bei 2/3 der Gruppenmitglieder immer in milder Form erlebt werden. Betrachtet man jedoch die Schwankungsbreite (Varianz) der Werte, ist das individuelle Erleben zu einem Zeitpunkt, d.h. innerhalb einer Sitzung sehr variabel, genauso wie auch über den Zeitraum von mehreren Sitzungen hinweg. Das früher so benannte *zweite Stadium* der Gefühle in der Gruppenentwicklung sollte heute als *Erlebensmodus von Gefühlen und Selbstöffnung* bezeichnet werden. Einzelne Personen, die zu jedem Zeitpunkt der Gruppenentwicklung anfangen, sich zu öffnen und ihre Gefühle und Erfahrungen mitzuteilen, beginnen nach den *Verlaufsdaten für die Gefühle* am häufigsten über vergangene und negative Gefühle und Erfahrungen mit anderen Personen oder in einer problematischen Beziehung zu sprechen. Allmählich werden das persönliche Erleben und Erfahrungen in ihren mehr selbstkongruenten als selbstinkongruenten Bedeutungen transparent. Schließlich kann ein reaktives und spontanes Erfahren und Erleben im "Hier und Jetzt" der Gruppeninteraktion zum Thema werden.

Die Rückmeldungen, die die Gruppenmitglieder einander geben, verändern sich zunächst von mehr bewertenden, diagnostischen, interpretierenden oder kritischen Kommentaren sowie der Auslösung negativer Gefühle und Bewertungen in die Richtung wertschätzender, akzeptierender, empathischer und aufrichtiger Teilnahme und Selbsteinbringung. Die ziemlich stabilen Durchschnittswerte mit großen individuellen Unterschieden des Erlebens von Stress oder seines Gegenteils der Freiheit von Angst und Stress wurden bereits beschrieben.

Die *Verlaufsdaten für die Selbstöffnung* machen deutlich: Von Gruppenbeginn an erleben bis zu 84% der Gruppenmitglieder Offenheit und Selbstöffnung dauerhaft und über die Zeit hinweg in signifikanter Weise zunehmend. Bis zu 16% der Teilnehmenden erleben Offenheit und Selbstöffnung nur in einigen Sitzungen und nach längerer Gruppenteilnahme. (In unserer Untersuchung war dies nach über 20 Stunden der Fall.) Auch diese Daten legen nahe, den Gruppenprozess anders als bisher zu beschreiben:

Der Austausch negativer und positiver Gefühle sowie die Selbstöffnung sind nicht bestimmte Stadien der Gruppe zu einer bestimmten Zeit, sondern sind eher *eine dauerhafte Herausforderung und Aufgabe*, denen sich einzelne oder mehrere Gruppenmitglieder zu jeder Zeit der Gruppenentwicklung stellen und die sie meistern können. Dieses Gelingen steht in engem *Zusammenhang mit dem Erfahrungsmodus der speziellen hilfreichen Qualität der Gruppenatmosphäre*: ein Angebot von nicht an Bedingungen gebundene Wertschätzung, das auf die Ressourcen des Einzelnen vertraut, das erlebte oder befürchtete Selbstbedrohung verringert und das mit dem Selbst im Einklang stehende Erfahrungen anbietet und fördert.

Das bisher so genannte *dritte Prozessstadium* der therapeutischen Selbsterfahrung wird damit zum *Modus persönlich hilfreicher sozialer Erfahrungen oder Modus der therapeutischen Selbsterfahrung*. In diesem Erfahrungsmodus wird die helfende oder therapeutische Fähigkeit einer Gruppe deutlich. Schon in der ersten Gruppensitzung ohne oder mit den Angeboten des*der Facilitator*in können einige Gruppenmitglieder den anderen mit den personzentrierten Haltungen begegnen. Jede Person in der Gruppe, nicht alle zu einem Zeitpunkt, aber eine nach der anderen erhält, wenn sie dies wünscht, eine Zeit, um sich zu öffnen, sich zu explorieren und in persönlich bedeutsamer Weise einzelnen oder mehreren Anderen in der Gruppe zu begegnen bzw. sich auszutauschen.

So kann das Selbstkonzept mit seinen organismischen, sozial-kommunikativen und lebensereignisbedingten Anteilen (Speierer 1994, 2018) transparent werden. Seine bewertenden Funktionen, die zu selbstverträglichen oder selbstunverträglichen bzw. selbstbedrohlichen Erfahrungen führen, können erkannt werden. Nicht nur durch das Engagement des*der Facilitators*in, sondern mindestens ebenso durch die hilfreichen Ressourcen der Gruppenteilnehmer*innen, ihrer Selbstöffnung und Rückmeldung werden neue selbstkongruente Erfahrungen und selbstverträgliche Lösungen möglich. Diese und ihre Konsequenzen können innerhalb und außerhalb der Gruppe überprüft werden. Auch negativ bewertete Handlungen, Widersprüche, Konfrontationen und Herausforderungen können nun, ohne das Selbst zu gefährden, fokussiert, gehandhabt, bearbeitet und verändert oder toleriert und angenommen werden. Fassaden können aufgegeben werden. Bisher gefürchtete, verleugnete oder vermiedene (die nicht oder verzerrt symbolisierten) Gedanken, Gefühle und Handlungen können wieder lebendig werden als mit dem Selbst (wieder) verträgliche, tolerable oder in das Selbst integrierbare Teile der Person.

In unseren *Verlaufsdaten zu den therapeutischen Erfahrungen* werden diese als Erleben der *Solidarität der Gruppenmitglieder* durch gegenseitige *Sympathie, Vertrauen, Verständnis und Hilfe und als offene Diskussion und Feedback* operationalisiert. Die so definierte Gruppensolidarität wird klar, dauerhaft und zunehmend von mindestens 84% der Gruppenmitglieder von Beginn an über alle Gruppensitzungen hinweg erlebt. Die Gruppensolidarität wird nicht erlebt durch eine Minderheit der Gruppenteilnehmer*innen von bis zu 16% in der ersten Sitzung mit abnehmenden Anteilen in späteren Sitzungen. Offenheit, Auseinandersetzung und Feedback werden von 50% der Gruppenteilnehmer*innen kontinuierlich von der ersten bis zur letzten Gruppensitzung erfahren. Mehr als 50% erleben Offenheit, Auseinandersetzung und Feedback erst ab der zweiten Gruppensitzung. Aber fast 50% der Teilnehmer*innen erleben in der ersten Sitzung und danach abnehmend bis zu 16% in der letzten Sitzung, dass sie ihre eigenen Gefühle nicht offen anderen mitteilen können bzw. von anderen kein persönliches Feedback bekommen. Einmal mehr sprechen die Daten dafür, dass die eigenen hilfreichen bzw. therapeutischen Fähigkeiten nicht nur im Verlauf der Gruppe als zunehmender Modus des Erlebens, sondern auch als zunehmende Form der zwischenmenschlichen Begegnung erfahren werden. Die Unterschiede zwischen Solidarität und Offenheit, Auseinandersetzung und Feedback machen deutlich, dass das Erleben der Hilfe durch das personzentrierte Beziehungsangebot sich öfter einstellt, wenn Gruppenmitglieder sich, gleichsam stellvertretend, vertrauensvoll öffnen und sie Sympathie, empathisches Verstehen und positives Feedback von Gruppenmitgliedern oder dem/der Facilitator*in erfahren. Im Vergleich dazu wird die personzentrierte Hilfe auf die eigene Selbstöffnung nicht weniger stark, jedoch seltener erlebt. Der Grund dafür ist einfach, dass die einzelne Person seltener im Focus der Gruppenarbeit steht als die Gruppenmitglieder insgesamt. Die Daten zeigen auch, dass *Solidarität, Selbstöffnung und eine hilfreiche bzw. therapeutische Beziehungsqualität in einer Gruppe zu jeder Zeit und in allen Sitzungen erlebt werden können*, aber notwendigerweise nicht von allen Gruppenteilnehmer*innen.

Das vormals *inkonstante vierte Stadium des Gruppenerlebens*, das nicht in jeder Gruppe vorkommt, kann nun als *(seltener) Erlebensmodus einer neuen Beziehungsqualität* reformuliert werden. Er kann eher selten, von einzelnen, aber nicht allen Gruppenmitgliedern erfahren werden. Verglichen mit der Beziehungsqualität im alltäglichen Leben wurden die Qualitäten dieses Erlebens als außergewöhnlich befriedigend bezeichnet, mit unerwartet hohen Ausprägungen von Offenheit, Spontaneität, Ehrlichkeit, Authentizität und Transparenz, was auch als hohe Ausprägung von Kongruenz zusammengefasst werden kann. Dazu kommt das Verstehen mit den Augen des Anderen, aus seinem inneren Bezugsrahmen, von seinem Standpunkt aus und Mitgefühl, zusammengefasst also große Empathie und schließlich die Bereitschaft zu helfen, zu tolerieren, zu respektieren, Achtsamkeit, Annahme, Lob und Vertrauen, also insgesamt die ausgeprägte Erfahrung unbedingter positiver Wertschätzung.

Die Spitzenerfahrung der personzentrierten Grundhaltungen, die in Encountergruppen innerhalb einer relativ kurzen Zeitdauer wirklich werden können zwischen Personen, die einander zuvor nicht gekannt haben, wurde von Carl Rogers „als einer der zentralsten, intensivsten und am meisten Veränderung hervorrufende Aspekt von Selbsterfahrungsgruppen" bezeichnet.

Selbst dieser Erlebensmodus ist nicht notwendigerweise der letzte, der während eines Gruppenverlaufs deutlich wird. Nach einer derartigen „Spitzenerfahrung" in einer Gruppe kann sich jeder der drei vorgenannten Erlebnismodi oder eine Mischung derselben wiederholen. Es gibt zahlreiche Gründe, warum nur einige Gruppenmitglieder solche Hochgefühle erleben, warum manche Gruppenmitglieder sie nicht erleben wollen und warum derartige Erfahrungen nicht in allen Gruppen stattfinden. Aufgrund meiner eigenen Gruppenerfahrung glaube ich, dass in diesem Erlebensmodus eine metapsychologische Dimension berührt wird. Sie mag eine Option der Wirklichkeit sein für diejenigen, die daran glauben. Mit den von uns entwickelten empirischen Instrumenten können wir dieses Phänomen nicht erfassen und soweit mir bekannt, gibt es auch keine empirischen Studien zu diesem Thema.

3. 2 Zum Einfluss der Gruppenleitung auf das Erleben in der Gruppe und den Gruppenerfolg

Eine Untersuchung (Speierer 2003c) hatte die Beziehungen zwischen den von den Gruppenmitgliedern erlebten hilfreichen Qualitäten der Gruppenleitung und die Entwicklung von Gruppensolidarität, Freiheit von Angst und Stress, Offenheit, Auseinandersetzung und Feedback, Selbstöffnung und dem erlebten Gewinn durch die Gruppenteilnahme zum Gegenstand. An der Untersuchung nahmen 169 Teilnehmende von 17 personzentrierten Selbsterfahrungsgruppen teil. Die Ergebnisse zeigten: Mehr als 84% der Gruppenteilnehmer*innen erleben während der Gesamtdauer der Gruppe den*die Facilitator*in als verständnisvoll, hilfreich und nah, mit signifikant ansteigenden Werten vom Gruppenbeginn zum Gruppenende.

Die Korrelationen zwischen dem von den Teilnehmer*innen wahrgenommenen Gruppengewinn und den erlebten hilfreichen Qualitäten des*der Facilitators*in sind positiv, mittelhoch und signifikant. Außer dem Verständnis, der Hilfe und der Nähe des*der Facilitators*in hat jedoch die erlebte Solidarität zwischen den Gruppenmitgliedern einen gleichermaßen bedeutsamen Einfluss auf den persönlichen Gruppennutzen.

*Zu Beginn einer Selbsterfahrungsgruppe ist der*die Facilitator*in in hohem Maße verantwortlich für ein hilfreiches Gruppenklima* nicht nur für den persönlichen Nutzen, den die Gruppenmitglieder durch ihre Teilnahme wahrnehmen, sondern auch für die Entwicklung von Offenheit, Auseinandersetzung und Feedback, Selbstöffnung und das Erleben der Freiheit von Angst und Stress.

*Nachdem sich ein hilfreiches Gruppenklima eingestellt hat, kann sich der*die Facilitator*in zurücknehmen.* Je-

50

doch er*sie muss die Entwicklung einer hilfreichen Interaktion in der Gruppe aufmerksam verfolgen. Denn *in kritischen Situationen* erreicht das hilfreiche Potenzial der Gruppenmitglieder seine Grenzen. Nun *muss der*die Facilitator*in intervenieren* mit personzentrierten, prozessorientierten oder anderen auf die erlebte Inkongruenz bezogenen Strategien. Diese können alternativ oder kombiniert angewendet werden. (s. Teil I.8 des Manuals).

So können der*die Facilitator*in dazu beitragen, dass Offenheit, Auseinandersetzung, Feedback und Selbstöffnung den persönlichen Gruppennutzen ermöglichen, relativ unabhängig vom Erleben der Freiheit von Angst und Stress. Die Freiheit von Angst und Stress scheint nur dann einen bedeutsamen Einfluss auf den individuellen Gruppennutzen zu haben, wenn die Solidarität zwischen den Gruppenmitgliedern hoch ist und die von Facilitator*in angebotenen hilfreichen Beziehungsqualitäten als niedrig erlebt werden. Wenn, wie in kritischen Situationen Solidarität, Sympathie, Vertrauen, Verständnis und Hilfe der Gruppenmitglieder niedrig sind oder ausfallen, dann kann nur der*die Gruppenmoderator*in dazu beitragen, dass auch die Bearbeitung und Bewältigung von schwierigen Situationen mit Angst und Stress als nützliche und hilfreiche Erfahrungen bewertet werden können.

4. Ergebnisse der Gruppenteilnahme (Ergebnisevaluation)

Die Ergebnisse mit dem Gruppenerwartungsbogen (GE13) und dem Gruppenerfahrungsbogen (GErf 13)

Zusammen mit Daten aus anderen Quellen (Speierer 2002b, 2003a) können sie wie folgt zusammengefasst werden:

4.1 Was Gruppenteilnehmer*innen erwarten und erfahren

Vergleichend dargestellt sind die Prozentanteile von 172 Personen beim Beginn und am Ende einer personenzentrierten Selbsterfahrungsgruppe.

- *54% erwarten, 84% erfahren selbstkongruente Erfahrungen*
- *97% erwarten, 97% erfahren Hilfe durch Gruppenmitglieder*
- *70% erwarten, 88% erfahren eine Lösung der eigenen Probleme*
- *95% erwarten, 95% erfahren Austausch von guten Gefühlen*
- *5% erwarten, 7% erfahren bessere Fähigkeiten der Zusammenarbeit*
- *76% erwarten, 81% erfahren verbesserte Formen des Umgangs miteinander*
- *50% erwarten, 82% erfahren, dass die Gruppenmitglieder ihre Probleme lösen können*
- *3% erwarten, 4% erfahren, dass sie durch andere mehr Belastung als Hilfe erfahren*
- *90% erwarten, 85% erfahren mehr Selbstverständnis*

- *97% erwarten, 91% erfahren für andere hilfreich sein zu können*
- *91% erwarten, 84% erfahren Selbstöffnung*

Ca. 90% der Gruppenteilnehmer*innen machen eine differenzierte therapeutische Selbsterfahrung.
Im Einzelnen:
- *85% erleben verbessertes Selbstverständnis*
- *84% erfahren Selbstöffnung*
- *88% erleben hilfreiche Interventionen*
- *97% finden Lösungen für eigene Schwierigkeiten mit und ohne Hilfe der Gruppenmitglieder*
- *84% machen selbstkongruente Erfahrungen*
- *91% erleben für andere hilfreich zu sein*
- *96% erfahren von anderen nicht gestresst zu werden*
- *81% der Teilnehmenden erleben zwischenmenschliche Beziehungen mit besseren als alltäglichen Umgangsformen*
- *95% erfahren den Austausch von guten Gefühlen in persönlichen Beziehungen*
- *82% machen stellvertretende therapeutische Erfahrungen dadurch, dass Andere ihre Probleme in der Gruppe erfolgreich lösen können*

4.2 Erreichbarkeit der Gruppenziele
Mehr als 80% der Gruppenteilnehmer*innen erreichen jedes der eingangs (Kap. I-1.) genannten vier allgemeinen Ziele der Personzentrierten Gruppe innerhalb von 40 Stunden Gruppenteilnahme
- *Gegenseitiges kennen lernen in einem personzentrierten (akzeptierenden, offenen und empathischen) Gruppenklima*

- *Erleben der personzentrierten Einstellungen einer hilfreichen Beziehung und Arbeit zur Verringerung von Inkongruenz durch das Modell des*der Facilitators*in*
- *Erleben und Erproben der personzentrierten Einstellungen und weiterer Optionen zur Bewältigung schwieriger und kritischer persönlicher und zwischenmenschlicher Situationen*
- *Erreichen spezifischer (personzentrierter therapeutischer) Selbsterfahrung: Selbstannahme, Selbstverständnis, Selbstempathie, Authentizität und Offenheit gegenüber dem eigenen Erleben, (Wieder)gewinnen persönlicher Stärke und Ressourcen, das Erleben von Veränderung im eigenen Selbst und dem der Anderen (der „felt shift"), das Finden selbstkongruenter Lösungen für zuvor selbstinkongruente Erfahrungen*

4.3 Langzeitwirkungen (Katamnesergebnisse)
Ergebnisse mit dem Nachbefragungsbogen (NB36)

(Tab. 5) Zwei Trainingsgruppen mit 22 Alkohol- und Drogentherapeut*innen und 80 Stunden Gruppenselbsterfahrung wurden ein Jahr nach dem Ende ihrer Gruppe untersucht (Speierer 2003a).

Die Ergebnisse:

- *100% der Teilnehmer*innen erlebten positive Veränderungen durch die Gruppe*
- *67% erlebten in einzelnen Bereichen starke Änderungen*
- *80% erlebten einige positive Änderungen in ihrem Leben nach dem Gruppenende*

Persönliches Wachstum und soziale Kompetenz:

- *85% der Teilnehmer*innen erfuhren persönliches Wachstum nach dem Gruppenerleben*

54

- 85% fühlten sich nicht durch neue Probleme und Schwierigkeiten nach der Gruppenteilnahme belastet
- 75% können einige Dinge besser als vorher tolerieren
- 85% können andere Personen besser verstehen
- 60% fühlen sich von Anderen besser verstanden
- 70% hatten seit der Gruppenerfahrung intensivere Kontakt zu anderen
- 80% erleben positive Veränderungen mit ihren Partner*innen
- 100% erleben positive Veränderungen mit ihren Kindern
- 90% erleben positive Veränderungen mit ihren Eltern
- 90% erlebten die Gruppenerfahrung positiv für das Gewahrwerden eigener Gefühle und die Wahrnehmung der Gefühle der Gruppenteilnehmer*innen

Persönliche Veränderungen von Motiven:

- 55% fühlen, dass ihre Bedürfnisse gegenüber ihren Partner*innen sich gewandelt haben
- 70% fühlen eine veränderte Motivation gegenüber ihren beruflichen Aktivitäten

Motivation für weitere Selbsterfahrungsgruppenteilnahme:

- 85% würden noch einmal an einer Selbsterfahrungsgruppe teilnehmen

Austausch mit anderen und Motivation von anderen für eine Selbsterfahrungsgruppenteilnahme:

- 80% haben mit Freunden, Verwandten und Kollegen über ihre Gruppe gesprochen

Transfer von Gruppenerfahrungen:

- 70% konnten ihre Gruppenerfahrungen außerhalb der Gruppe nützen

Weitere Erfahrungen mit Gruppenmitgliedern:
- *100% hatten positive Gruppenerfahrungen inner-halb gemeinsamer Trainingskurse*

Weitere Erfahrungen in anderen Gruppen:
- *15% machten positive Angaben*

Der relative Gewinn der Arbeit in einer Selbsterfah-rungsgruppe im Vergleich mit psychotherapeuti-schen Erfahrungen:
- *70% machten Angaben zugunsten der Gruppenar-beit*

4.4 Qualitative und quantitative Ergebnisse als Benchmark der Evaluation und Qualitätskontrolle

In zwei Studien (Speierer 2002, 2003a) konnte gezeigt werden, dass die Daten großer Stichproben von Grup-pen, die kontinuierlich vergrößert werden können, als Benchmark für die Evaluation und Qualitätskontrolle einzelner Gruppen genauso wie von einzelnen Personen in Gruppen verwendet werden können.

III. Literatur

1. Bühl, A. & Zöfel, P. (1998) SPSS für Windows 7.5, Bonn, Paris, Reading: Addison Wesley

2. Gendlin, E.T. (1981) Focusing, Salzburg: Otto Müller (engl. A. 1978)

3. Kirschenbaum, H., Land, D. und Henderson, V. (1989) The Carl Rogers Reader, Boston: Houghton Mifflin Company

4. Rogers, C.R. (1967) The process of the basic encounter group, in: Bugental, J.F.G. (Ed.), Challenges of Humanistic Psychology, New York: Mc. Graw Hill, 261-276

5. Rogers, C.R. (1970) Carl Rogers on encounter groups, New York: Harper und Row

6. Rogers, C. R. (1971) Carl Rogers Describes His Way of Facilitating Encounter Groups, in: The American Journal of Nursing 71,2 (1971) 275-279. Übersetzung Peter F. Schmid in Schmid, P.F. (1996) Personzentrierte Gruppenpsychotherapie in der Praxis - Ein Handbuch -II. Die Kunst der Begegnung, Mit einem Beitrag von Carl R. Rogers, S. 543, Paderborn: Junfermann

7. Satir, V. und Baldwin, M. (1988) Familientherapie in Aktion, deutsche Übersetzung, S.142, Paderborn: Junfermann

8. Schmid, P.F. (1996) Personzentrierte Gruppenpsychotherapie in der Praxis - Ein Handbuch -II. Die Kunst der Begegnung, Mit einem Beitrag von Carl R. Rogers, Paderborn: Junfermann

9. Speierer, G.-W. (1974) Über die Theorie, Technik und Prozeßhypothesen der klientenzentrierten Selbsterfahrungsgruppe. In: Psychotherapie und medizinische Psychologie, Heft 2, S. 61-66, Stuttgart: Thieme

10. Speierer, G.-W. (1976) Dimensionen des Erlebens in Selbsterfahrungsgruppen. Göttingen: Vandenhoeck und Ruprecht

11. Speierer, G.-W. (1978) Empirische Ergebnisse zur Theorie und Technik der klientenzentrierten Selbsterfahrungsgruppe. In: Psychotherapie Medizinische Psychologie, Heft 6, S. 194-204, Stuttgart: Thieme

12. Speierer, G.-W. (1979) Entwicklung und Stellenwert von Angst- und Stresserleben in klientenzentrierten Selbsterfahrungsgruppen. In: Zeitschrift für Klinische Psychologie und Psychotherapie, Heft 2, Freiburg / München: Alber, S. 135-145, 1979

13. Speierer, G.-W. (1979) Ergebnisse der ambulanten Gesprächspsychotherapie. In: Fortschritte der Medizin, 35, 1527-1533

14. Speierer, G.-W. (1980) Diagnose und Indikation in der Gesprächstherapie. In: IFT-Texte 3: J.C. Brengelmann (Hrsg.) Entwicklung der Verhaltenstherapie in der Praxis. München: Röttger, 408-433

15. Speierer, G.-W. (1981) Das patientenorientierte Gespräch. In: Münchner Medizinische Wochenschrift, 123, 10, 389-394

16. Speierer, G.-W. (1981) "Focusing" als erlebensaktivierendes Hilfsmittel in der klientenzentrierten Selbsterfahrungsgruppe. In: Klinische Psychologie &. Psychotherapie. Band V: Psychotherapie, Gesellschaft, Ausbildung, Sozial- u. Drogentherapie, Gruppentherapie. Schulz, W. u. Hautzinger, M. (Hrsg.), Köln/Tübingen

17. Speierer, G.-W. (1982) Diagnostik in der klientenzentrierten Gruppenpsychotherapie. In: Zielke, M.(Hrsg.): Diagnostik in der Psychotherapie, Stuttgart: Kohlhammer, 78-106

18. Speierer, G.-W. und Hochkirchen, B. (1986) Erlebensentwicklung und der Prozeß der individuellen Problembearbeitung in der klientenzentrierten Selbsterfahrungsgruppe. ZPP 5, 1, S. 33-46

19. Speierer, G.-W. (1994): Das differentielle Inkongruenzmodell (DIM). Handbuch der Gesprächspsychotherapie als Inkongruenzbehandlung. Heidelberg: Asanger

20. Speierer, G.-W. (1997). Das Regensburger Inkongruenzanalyse Inventar (RIAI): Erste Ergebnisse. In Gesprächspsychotherapie und Personenzentrierte Beratung, 28, 1, 13 - 21

21. Speierer, G.-W. (1998) Psychopathology according to the Differential Incongruence Model. In L. S. Greenberg, J. C. Watson, G. Lietaer (Eds.), Handbook of Experiential Psychotherapy, 410 - 427, New York: The Guilford Press

22. Speierer, G.-W. (2002a) Das Differenzielle Inkongruenzmodell der Gesprächspsychotherapie. In: Keil W. und Stumm G. (Hrsg.), Die vielen Gesichter der personzentrierten Psychotherapie,163-185, Wien, New-York: Springer

23. Speierer, G.-W. (2002b) Qualitätskontrolle und Prozessevaluation in der personzentrierten Selbsterfahrungsgruppe: Empirische Ergebnisse. Person: Intern. Ztschr. für Personzentrierte und Experienzielle Psychotherapie und Beratung, 6, 1, 65-76

24. Speierer, G.-W. (2003a) Weiterbildung zum Sozialtherapeuten klientenzentriert / gesprächspsychotherapeutisch orientiert: Evaluation der Selbsterfahrungskurse, Gesprächspsychotherapie und Personzentrierte Beratung, 34, 3, 159-163

25. Speierer, G.-W. (2003b) Beziehungsqualität und Evaluation in personzentrierten Selbsterfahrungsgruppen, Regensburg im Manuskript

26. Speierer, G.-W. (2003c) Experienced Quality of Relationship and Evaluation in Person Centred Self- Experiencing Groups. Paper presented at 6th World Conference on Person-Centered and Experiential Psychotherapy and Counseling (PCE 2003) July 6-11, 2003 Egmond aan Zee, the Netherlands

27. Speierer, G.-W. (2018) Das Differenzielle Inkongruenz Modell (DIM) Hand- und Arbeitsbuch der Personzentrierten Psychotherapie mit personzentriertem Gespräch, Kategorien und Checkliste für die Inkongruenzanalyse, Regensburger Inkongruenz Analyse Inventar (RIAI) und Materialien zur Dokumentation und Evaluation 4. ergänzte Auflage, 2. erweiterte Auflage 2005, Erstauflage 1994 (auf CD ROM) Köln: GwG

28. Yalom, I.D. (2019) Theorie und Praxis der Gruppenpsychotherapie -Ein Lehrbuch- Deutsche Übersetzung, 13. Auflage, Stuttgart: Klett-Cotta, Original: The Theory and Practice of Group Psychotherapy 5th edition 1995/2005 New York: Basic Books

Adresse des Verfassers:
Prof. Dr. med. Dipl.-Psych. Gert - W. Speierer
Email: gert.speierer@alice-dsl.net

IV. Namenregister

V. Sachregister

VI. Materialien zur Gruppendokumentation und Evaluation

Tab. 1 Gruppenprozessbogen GRP$_{20}$ Datum: ....

Name/Code: .... SiNr.: ...... Geschlecht: w.(...),d.(...),m.(...)

Bitte beantworten Sie folgende Fragen zur heutigen Gruppensitzung:

	6 ja sehr viel	5 ja viel lich	4 ja ziem viel	3 ja eher viel	2 ja ein wenig	1 nein über-haupt nicht
1. Heute empfand ich für die Gruppenmitglieder überwiegend Sympathie.	6	5	4	3	2	1
2. Der/die Moderator*in, (Facilitator*in) hat mir heute weitergeholfen.	6	5	4	3	2	1
3. Ich spürte heute die Fragwürdigkeit meiner Ideale.	6	5	4	3	2	1
4. Ich erlebte heute viel Angst.	6	5	4	3	2	1
5. Ich habe heute offen über meine Gefühle zu Gruppenmitgliedern sprechen können.	6	5	4	3	2	1
6. Ich entdeckte heute persönliche Probleme, die mir bisher nicht auffielen.	6	5	4	3	2	1
7. Zwischen dem/der Moderator*in und mir spürte ich heute einen großen Abstand.	6	5	4	3	2	1
8. Nach meinen heutigen Erfahrungen kann ich meinen Schwierigkeiten gelassener gegenübertreten.	6	5	4	3	2	1
9. Ich fühlte mich in eine Rolle gedrängt, die mir gar nicht liegt.	6	5	4	3	2	1
10. Ich musste mich heute verteidigen.	6	5	4	3	2	1
11. Ich habe heute erfahren, wie ich auf andere wirke.	6	5	4	3	2	1
12. Der/die Moderator*in hat sich bemüht, für alle Probleme offen zu sein.	6	5	4	3	2	1
13. Ich fühlte mich heute von dem/der Moderator*in verstanden.	6	5	4	3	2	1
14. Was heute ausgesprochen wurde, entsprach den Gefühlen, die in der Luft lagen.	6	5	4	3	2	1
15. Ich erlebte heute, dass ich den anderen vertrauen kann.	6	5	4	3	2	1
16. Ich fühlte mich heute von den Gruppenmitgliedern verstanden.	6	5	4	3	2	1
17. Ich erlebte heute zeitweise sehr starke Gefühle in mir.	6	5	4	3	2	1
18. Ich fühlte mich heute spontan und frei.	6	5	4	3	2	1
19. Ich fand, dass heute Wesentliches vom Erleben und Fühlen der Mitglieder deutlich wurde.	6	5	4	3	2	1
20. Die anderen haben mir heute geholfen.	6	5	4	3	2	1

Tab. 2 Einschätzungsbogen (Erwartungen) (GE13)

Name bzw. Code: ....

Datum: ....   Geschlecht: w. (...), d. (...), m. (...)

Geben Sie bitte **Ihre Erwartungen für diese Gruppe** an durch die Beantwortung der folgenden Fragen. Machen Sie in die neben der Frage stehenden Kästchen ein Kreuz in der Spalte "stimmt", wenn die Aussage zutrifft oder eher zutrifft. Machen Sie Ihr Kreuz unter Spalte "stimmt nicht", wenn die Aussage für Sie nicht oder eher nicht zutrifft. Beantworten Sie bitte alle Fragen.

	stimmt	stimmt nicht
1. Ich bin bereit, die folgenden Fragen über meine Erwartungen an diese Gruppe ehrlich zu beantworten.	O	O
2. Ich erwarte von dieser Gruppe, dass ich mich am Ende ein Stück besser ertragen kann als zuvor.	O	O
3. Ich erwarte, dass mir die Gruppenmitglieder mehr helfen als schaden.	O	O
4. Ich erwarte zu erfahren, dass ich meine eigenen Schwierigkeiten lösen kann.	O	O
5. Ich erwarte, dass der Austausch guter Gefühle und Gefühlserlebnisse zwischen den Teilnehmern möglich sein wird.	O	O
6. Ich erwarte, dass ich nichts für meine eigenen Fähigkeiten zum Zusammenleben und zur Zusammenarbeit dazu lerne.	O	O
7. Ich erwarte zu erfahren, dass es bessere Formen des Umgangs miteinander gibt, als ich sie im Alltag gewöhnlich erlebe.	O	O
8. Ich erwarte, dass die anderen Gruppenmitglieder ihre Probleme werden lösen können.	O	O
9. Ich erwarte, dass die anderen Gruppenteilnehmer mich eher belasten, als dass sie mir nützen werden.	O	O
10. Ich erwarte, dass ich mich selber besser verstehen lerne.	O	O
11. Ich erwarte, selber den anderen Gruppenmitgliedern eher zu helfen als zu schaden.	O	O
12. Ich erwarte, dass es mir gelingt, mehr das zu sagen und zu tun, was mir richtig erscheint.	O	O
13. Ich erwarte eher zur Zusammenarbeit mit anderen als zur Alleinarbeit ermutigt zu werden.	O	O

Tab. 3 Poster und Handout mit Informationen zur Gruppenarbeit (1)

nach Carl R. Rogers 1902-1987, Encountergruppen (1970) Reise zum Selbst: Werde, der*die Du wirklich bist durch:

* Kongruenz bzw. Authentizität
* unbedingte Wertschätzung
* Empathie bzw. einfühlendes Verstehen der subjektiven Erlebniswelt des eigenen Selbst und das der Anderen
* Offenheit gegenüber allen Arten von Erfahrung
* Vertrauen in den Prozess

nach Virginia Satir 1916 - 1988, Fünf Freiheiten (1988)

* Sehen und hören, was da ist, anstatt was sein sollte, war oder sein wird
* Sage, was Du fühlst und denkst, anstatt was von Dir erwartet wird
* Fühle, was Du fühlst, anstatt etwas vorzutäuschen
* Erbitte, was Du brauchst, anstatt auf Erlaubnis zu warten
* Wage etwas Neues, anstatt nur auf Nummer sicher zu gehen

Tab. 3 Poster und Handout mit Informationen zur Gruppenarbeit (2)

Prinzipien und Regeln für die Gruppenteilnehmer*innen

Prinzipien:
- Selbstorganisation und Verantwortlichkeit
- Eigeninitiative und Risikobereitschaft
- Offenheit nach Innen, Verschwiegenheit nach Außen
- Gegenstände und Themen der Gruppenarbeit selbst bestimmen ausnahmsweise dazu Hinweise des/der Facilitator*in

Regeln:
- Sich öffnen ermöglicht persönliche Begegnung
- Zulassen, was jetzt geschehen kann
- Wer anfängt, beginnt zur rechten Zeit
- Wenn es jetzt zu viel wird, ist es genug
- Vorbei ist nicht vorbei
- Was jetzt nicht gelingt, kann später glücken
- Störungen werden besprochen

Aufgabe der Gruppenleitung:
- Facilitation und Moderation: wertschätzende, einfühlende, echte Begleitung und Unterstützung

Tab. 3 Poster und Handout mit Informationen zur Gruppenarbeit (3)

Theorie zur personzentrierten Selbsterfahrungsgruppe nach Speierer (1974, 1994)

Inkongruenztheorie der psychischen Störungen:
Störungen des Denkens, Erlebens, Verhaltens und von Körperfunktionen können im Zusammenhang stehen mit selbstinkongruenten d.h. selbstunverträglichen, selbstbedrohlichen oder selbst zerstörerischen Erfahrungen.

Kongruenztheorie der psychophysischen Gesundheit: Selbstkongruenz oder selbstverträgliche Erfahrungen werden als Schlüssel zur Entwicklung einer gesunden Persönlichkeit verstanden, die sein kann, was sie wirklich ist.

Dreischritt der Inkongruenzbearbeitung (Therapeutischer Dreischritt):
• Inkongruenz erkennen,
• Inkongruenzerleben fokussieren und bearbeiten
• Selbstverträgliche (selbstkongruente) Lösungen suchen und finden

Tab. 3 Poster und Handout mit Informationen zur Gruppenarbeit (4)

Individuelle und soziale Arbeitsziele der Gruppenarbeit:
- Inkongruenzverringerung und Inkongruenzauflösung
- Gewinnung von Kongruenz durch selbstverträgliche Integration von Erfahrungen in das Selbstkonzept
- Erkennen und Anwenden von eigenen Ressourcen zur Inkongruenzbewältigung (Inkongruenzbewältigungsstrategien)
- Gewinnen von Inkongruenztoleranz
- Erleben und Übernehmen der Rogers'schen Grundhaltungen: Wertschätzung, Empathie und Kongruenz in persönlichen Begegnungen
- Erweiterung des sozialen Wahrnehmungsvermögens
- Erkennen gruppenspezifischer Verhaltensmuster sowie deren Bedeutung
- Erweiterung des eigenen Verhaltensrepertoires in schwierigen sozialen Situationen
- Wissen über Entwicklungsphasen und Dimensionen des Gruppenerlebens

Wirkfaktoren im Erleben der Gruppenteilnehmer*-innen untereinander
- Sympathie, Vertrauen, Verständnis und Hilfe,
- Freiheit von Angst und Stress,
- Offenheit, Auseinandersetzung und Feedback
- Transparentwerden eigenen und fremden Erlebens
- Verständnis, Hilfe und Nähe des/der Gruppenfacilitator*in

Tab. 4 Einschätzungsbogen (Erfahrungen) (GErf13)

Name bzw. Code: ....

Datum: ....   Geschlecht: w. (...), d. (…), m. (...)

Beurteilen Sie bitte **Ihre Erfahrungen in dieser Gruppe** durch die Beantwortung der folgenden Fragen. Machen Sie in die neben der Frage stehenden Kreise ein Kreuz in der Spalte ”stimmt”, wenn die Aussage zutrifft oder eher zutrifft. Machen Sie Ihr Kreuz unter Spalte ”stimmt nicht”, wenn die Aussage für Sie nicht oder eher nicht zutrifft. Beantworten Sie bitte alle Fragen.

	stimmt	stimmt nicht
1. Ich bin bereit die folgenden Fragen meine Erfahrungen in dieser Gruppe ehrlich zu beantworten.	O	O
2. Ich erlebte mich in dieser Gruppe zuletzt so, dass ich mich ein Stück besser ertragen kann als zuvor.	O	O
3. Die anderen haben mir mehr geholfen als geschadet.	O	O
4. Ich habe erfahren, dass ich meine eigenen Schwierigkeiten lösen kann.	O	O
5. Ich erlebte, dass der Austausch guter Gefühle und Gefühlserlebnisse zwischen uns möglich war.	O	O
6. Ich habe nichts für mein Zusammenleben und meine Zusammenarbeit mit anderen dazugelernt.	O	O
7. Ich habe erlebt, dass es bessere Formen des Umgangs miteinander gibt, als ich sie im Alltag gewöhnlich erlebe.	O	O
8. Ich habe erfahren, dass die anderen Gruppenmitglieder ihre Probleme lösen können.	O	O
9. Die anderen haben mich eher belastet, als dass sie mir nützten.	O	O
10. Ich kann mich jetzt besser verstehen.	O	O
11. Ich glaube, ich selber habe den anderen eher geholfen als geschadet.	O	O
12. Es gelingt mir jetzt besser, das zu sagen und zu tun, was mir richtig erscheint.	O	O
13. Ich fühle mich zur Zusammenarbeit mit anderen ermutigt.	O	O

Tab. 5 Selbsterfahrungsgruppen
Nachbefragungsbogen (GrNB36-1)

Name/ Code............................... Datum ....
Geschlecht w. (.....), d. (.....), m. (.....)

Zutreffendes bitte markieren. Wir möchten Sie jedoch bitten, die nachfolgenden Fragen gegebenenfalls ausführlicher als nur mit "ja" oder "nein" zu beantworten. Sie helfen uns damit, ein lebendigeres Bild darüber zu bekommen, wie Sie seit Ihrer Gruppen-Selbsterfahrung erleben.

1. Hat sich Ihre Gruppe noch ein oder
mehrere Male getroffen? ja O nein O
Wenn ja: Wie haben Sie es erlebt? Haben alle Gruppenmitglieder teilgenommen?

Wenn nein: Womit hing es zusammen?

2. Haben Sie weiteren Kontakt zu einzelnen
Mitgliedern Ihrer Gruppe aufgenommen? ja O nein O
Wenn ja: Können Sie darüber etwas schreiben?
Wenn nein: Woran hat es gelegen?

3. Haben Sie an einer anderen SE-Gruppe
teilgenommen? ja O nein O

4. Haben Sie Ihre Erfahrungen aus der SE-Gruppe
irgendwo verwirklichen können? ja O nein O
Wenn ja: Wie hat Ihre Umwelt darauf reagiert?

5. Hat sich seit der Gruppe an Ihrem Leben etwas
geändert? ja O nein O
Wenn ja: Inwieweit führen Sie diese Änderungen auf die SE-Gruppe zurück?

Tab. 5 Selbsterfahrungsgruppen Nachbefragungsbogen (GrNB36-2) (Forts.)

Name/ Code ....
Zutreffendes bitte markieren, ggf. bitte ausführlicher beantworten.

6. Fühlen Sie, dass Sie seit der SE-Gruppe als Person gewachsen sind?　　　　　　　**ja O nein O**
Wenn ja: Wie erleben Sie sich jetzt?

7. Fühlen Sie sich seit der SE-Gruppe durch neue Probleme und Schwierigkeiten belastet?　**ja O nein O**
Wenn ja: Welche? Wie stark fühlen Sie sich beeinträchtigt?

8. Können Sie jetzt manche Dinge besser ertragen als früher? Wenn ja: Welche?　　　　　**ja O nein O**

9. Können Sie jetzt andere Personen besser verstehen?
Wenn ja: Warum?　　　　　　　　　**ja O nein O**

10. Machen Sie sich jetzt anderen Menschen gegenüber besser verständlich?　　　　　　**ja O nein O**
Wenn ja: Wie bzw. warum?

Tab. 5 Selbsterfahrungsgruppen
Nachbefragungsbogen (GrNB36-3) (Forts.)

Name/ Code ....

Zutreffendes bitte markieren, ggf. bitte ausführlicher beantworten.

Haben sich nach der SE-Gruppe Ihre Bedürfnisse verändert? Zum Beispiel hinsichtlich:

11. Freizeit: Wenn ja: Wie?   **ja** O **nein** O

12. Partnerschaft: Wenn ja: Wie?   **ja** O **nein** O

13. Freunde: Wenn ja: Wie?   **ja** O **nein** O

14. Beruf: Wenn ja: Wie?   **ja** O **nein** O

15. Andere Bedürfnisse als die vorgenannten?
Wenn ja: Welche?   **ja** O **nein** O

16. Sind Sie seit der SE-Gruppe häufiger mit anderen Menschen zusammen?   **ja** O **nein** O

17. Sind Sie seit der SE-Gruppe intensiver mit anderen Menschen zusammen?   **ja** O **nein** O

18. Macht es Ihnen jetzt mehr Spaß, etwas zu unternehmen, neue Dinge in Angriff zu nehmen?
Wenn ja: Wie bzw. warum?   **ja** O **nein** O

19. Haben Sie schon andere Erfahrungen in psychologischer oder psychotherapeutischer Einzel- oder Gruppenarbeit?   **ja** O **nein** O
Wenn ja: Was hat im Vergleich dazu die SE-Gruppe für Sie gebracht?

Tab. 5 Selbsterfahrungsgruppen
Nachbefragungsbogen (GrNB36-4) (Forts.)
Name/ Code

....

Zutreffendes bitte markieren, ggf. bitte ausführlicher beantworten.

20. Möchten Sie noch einmal an einer SE-Gruppe
teilnehmen? Wenn ja: Warum?   ja O nein O

21. Haben Sie das Gefühl, es wäre für Sie besser gewesen,
wenn Sie nicht an der SE-Gruppe teilgenommen hätten?
Wenn ja, warum?   ja O nein O

22. Haben Sie mit Freunden, Angehörigen, Kollegen u. a.
über Ihre SE-Gruppe gesprochen?   ja O nein O

23. Haben Sie Freunden, Angehörigen., Kollegen u. a.
empfohlen, auch einmal an einer SE-Gruppe
teilzunehmen? Wenn ja: Warum?   ja O nein O

24. Bitte, können Sie noch weitere Gedanken oder Gefühle
zu Ihren nachträglichen Erfahrungen bezüglich der SE-
Gruppe aufschreiben, die bisher nicht erwähnt sind.
Wenn ja: Welche?   ja O nein O

Tab. 5 Selbsterfahrungsgruppen
Nachbefragungsbogen (GrNB36-5) (Forts.)
Name/ Code

....

Zutreffendes bitte markieren.

Der Einfluss, den die Gruppenerfahrung auf mich und mein Verhalten hatte, ließe sich wie folgt beschreiben:

	ja	nein
Sie hat mein Verhalten in für mich unliebsamer Weise verändert.	O	O
Sie führte zu keinen wahrnehmbaren Veränderungen.	O	O
Mein Verhalten änderte sich für kurze Zeit, aber diese Veränderung ist mittlerweile wieder vergangen.	O	O
Sie führte zu einer beträchtlichen zeitweisen Veränderung meines Verhaltens, von der immer noch einiges vorhanden ist.	O	O
25. O. a. Änderungen erlebe ich insgesamt positiv.	O	O

Ich verhalte mich anders gegenüber	ja	nein
26. meinem*r (Ehe)partner*in	O	O
27. meinen Kindern	O	O
28. meinen Eltern	O	O
29. meinen Freund*innen	O	O
30. meinen Mitarbeiter*innen	O	O
31. meinen Vorgesetzten	O	O
32. meinen Untergebenen	O	O
33. mir selbst	O	O
34. Obige Änderungen erlebe ich insgesamt positiv.	O	O

Die Wirkung der Gruppe auf mich war	ja	nein
sehr schädlich	O	O
enttäuschend	O	O
ärgerlich	O	O
eher nutzlos als nützlich	O	O
neutral oder kaum anders	O	O
eher nützlich als nutzlos	O	O
konstruktiv in ihren Ergebnissen	O	O
eine sehr bedeutungsvolle, positive Erfahrung	O	O
so verwirrend, dass ich keine Angaben machen kann	O	O
35. Obige Angaben erlebe ich insgesamt positiv.	O	O

Tab. 5 Selbsterfahrungsgruppen
Nachbefragungsbogen (GrNB36-6) (Forts.)
Name/ Code

....

Zutreffendes bitte markieren

Den Einfluss der Gruppenerfahrung auf das Erleben meiner eigenen Gefühle und das Erleben der Anderen ließe sich wie folgt beschreiben: ja   nein

Ich bin meinen eigenen Gefühlen gegenüber sensibler bzw. empfindsamer geworden und nehme die Gefühle anderer eher wahr. Das war für mich eine neue Erfahrung.   O   O

Da mir meine eigenen Gefühle bewusster geworden waren, konnte ich meine positiven wie negativen Gefühle offener mitteilen.   O   O

Ich war mir meiner Gefühle vorher bewusst, aber nicht in diesem Umfang.   O   O

In diesem Bereich hat sich nichts verändert.   O   O

Meine Gefühle sind mir bewusster, aber das bedaure ich.   O   O

36. Durch die Gruppe bin ich achtsamer und einfühlender geworden für mein Erleben und das anderer Personen
         O   O

Vielen Dank für Ihre Mühe!

Tab. 6.1 Auswertung des GRP20 (1)

Zur Messung der einzelnen Selbsterfahrungsbereiche dienen die *Fragen des GRP20* wie folgt:

Faktor 1: Sympathie, Vertrauen, Verständnis und Hilfe (SVVH): Fragen 1, 15, 16, 20.

Faktor 2: Freiheit von Angst und Stress (FAS): Kehrwert der Fragen 3, 4, 6, 9, 10 (s. u.).

Faktor 3: Offenheit, Auseinandersetzung und Feedback (OAF): Fragen 5, 10, 11, 18.

Faktor 4: Transparentwerden eigenen und fremden Erlebens (TEFE): Fragen 14, 17, 19.

Faktor 5: Verständnis, Hilfe und Nähe des/der Facilitator*in (VHN): Fragen 2, 12, 13, Kehrwert 7! Zusätzlich wird mittels Frage 8 die Einschätzung des psychologischen Nutzens der Gruppenerfahrung registriert.

Reliabilität und Validität des GRP20 entsprechen der in Speierer, G.-W. (1976), Dimensionen des Erlebens in Selbsterfahrungsgruppen. Göttingen: Vandenhoeck und Ruprecht, S.83 und S.74ff. für den GRP50 beschriebenen. (Die korrelationsstatistisch geprüfte Übereinstimmung zwischen den mit dem GRP50 ermittelten Werten individuellen Erlebens und den mittels des GRP20 errechneten betrug für eine Stichprobe von N = 76 für Faktor 1 rtt = 0,89, für Faktor 2 rtt = 0,82, für Faktor 3 rtt = 0,94, für Faktor 4 rtt = 0,86 und Faktor 5 rtt = 0,97.)

Berechnung der Werte für die Erlebensdimensionen (Faktoren)

Die den Faktoren zugeordneten Fragenwerte werden addiert und die Summe durch die Anzahl der beantworteten Fragen geteilt (dividiert). Nicht angekreuzte Fragen bleiben unberücksichtigt.

Tab.6.2 Auswertung des GRP20 (2)

Es ergeben sich Werte zwischen 1 und maximal 6 für jede Erlebensdimension und auch für die Evaluation des persönlichen Nutzens der jeweiligen Sitzung (Frage 8). *Für die Berechnung des Faktors "Freiheit von Angst und Stress" werden die Kehrwerte(KW) verwendet, ebenso wie bei der Frage 7 des Faktors "Verständnis, Hilfe, Nähe des/r Facilitator*in.* (z.B. Ist 1 im Fragebogen angekreuzt, wird der Wert 6 für die Berechnung verwendet. 2 wird 5, 3 wird 4, 4 wird 3, 5 wird 2, 6 wird 1). *Die Frage 10 wird zur Berechnung von zwei Erlebensbereichen herangezogen:* Der Kehrwert des angekreuzten Wertes wird für den Bereich "Freiheit von Angst und Stress", der angekreuzte Wert wird für den Bereich "Offenheit, Auseinandersetzung und Feedback" verwendet.

GRP20	Handauswertung Fragen & Antworten					Σ Aw	Div :	Er-geb.
1.SVVH Fr.	1	15	16	20		Σ		
1.Antwort								
2.FAS Fr.	3	4	6	9	10	Σ		
2.Antw.KW !								
3.OAF Fr.	5	10	11	18		Σ		
3.Antwort								
4.TEFE Fr.	14	17	19			Σ		
4. Antwort								
5.VHN Fr.	2	7 KW	12	13		Σ		
5. Antwort								
Nutzen Fr.	8					Σ		
Antwort								

Tab. 7.1 Gruppennachbefragung GrNB36
Auswertung (s. a. Abschn. 2. 4 & Tab. 5.1-5.6)

Die Auswertung kann individuell und gruppenbezogen erfolgen.

Für die *Einzelauswertung* werden die Antworten im GrNB36 in den Auswertungsbogen (Tab. 7.2) eingetragen und ausgewertet. Daraus kann die Summe der „ja" bzw. „nein" Erfahrungen jeweils in Relation zur Summe aller Antworten bestimmt werden. Fehlende Angaben bleiben unberücksichtigt. Die Antworten in den neun Erfahrungsbereichen ermöglichen zusammen mit den frei formulierten Angaben die Langzeitwirkung der Gruppenteilnahme differenziert zu beschreiben.

Für die *Gruppenauswertung* werden die Daten in den individuellen Auswertungsbögen addiert in einen "Gruppenergebnisbogen" zusammengefasst und analog zur Einzelauswertung dargestellt.

Für die **Auswertung mehrerer Gruppen** empfehlen sich, wie im Abschnitt 4.3 beschrieben, Prozentangaben bezogen auf alle Teilnehmende über die Veränderungen und Erfahrungen insgesamt in den Erfahrungsbereichen und bei einzelnen Themen. Sie können ggf. durch die frei formulierten Erfahrungen ergänzt werden..

Tab. 7.2 Auswertungsbogen GrNB36

Erfahrg. & Änd.	Item	5	24	25	34	●	●	Σ
UÄ Unspezif.	ja					●	●	
Veränderungen	nein					●	●	
	Item	6	7	8	9	10	16	Σ
WK Wachstum	ja							
und soziale	nein							
Kompetenz	**Item**	17	26	27	28	29	30	Σ
	ja							
WK Wachstum	nein							
und soziale	**Item**	31	32	33	34	36	●	Σ
Kompetenz	ja						●	
	nein						●	
MÄ Änderung	Item	11	12	13	14	15	18	Σ
persönlicher	ja							
Motive	nein							
KE persönl.	**Item**	1	2	●	●	●	●	Σ
Kontakte	ja			●	●	●	●	
nach Gru-ende	nein			●	●	●	●	
AG Erfahrung in	**Item**	3	19	●	●	●	●	Σ
anderen Selbst-	ja			●	●	●	●	
erf-gruppen	nein			●	●	●	●	
MG Motivation	**Item**	20	21	●	●	●	●	Σ
zu neuer	ja			●	●	●	●	
Gru-teilnahme	nein			●	●	●	●	
AM Austausch &	**Item**	22	23	●	●	●	●	Σ
Motivation And.	ja			●	●	●	●	
f. Gru-teilnahme	nein			●	●	●	●	
T Transfer von	**Item**	4	●	●	●	●	●	Σ
Gru-erfahrung	ja		●	●	●	●	●	
In den Alltag	nein		●	●	●	●	●	
NV Nutzenvergl.	**Item**	19	●	●	●	●	●	Σ
m. and. hilfr.	ja		●	●	●	●	●	
Erfahrungen	nein		●	●	●	●	●	
Σ Erfahrungen	**Alle**	●	●	●	●	●	●	Σ
und	**ja**	●	●	●	●	●	●	
Veränderungen	**nein**	●	●	●	●	●	●	

Zeitfracht Medien GmbH
Ferdinand-Jühlke-Straße 7
99095 Erfurt, Deutschland
produktsicherheit@kolibri360.de